EXTRAIT
DU COMPTE RENDU STÉNOGRAPHIQUE
DU CONGRÈS INTERNATIONAL
POUR
LE DÉVELOPPEMENT ET L'AMÉLIORATION DES MOYENS DE TRANSPORT.
TENU À PARIS DU 22 AU 27 JUILLET 1878.

DE L'ÉTABLISSEMENT D'UNE LÉGISLATION INTERNATIONALE SUR LES TRANSPORTS PAR CHEMINS DE FER.

SÉANCE DU 25 JUILLET 1878.

RAPPORT ET DISCOURS

DE M. P.-A. DELBOY,
AVOCAT À LA COUR D'APPEL DE PARIS, MEMBRE DU CONSEIL GÉNÉRAL DE LA GIRONDE,
ET
DE M. DE SEIGNEUX,
AVOCAT À GENÈVE, SECRÉTAIRE DE LA CONFÉRENCE INTERNATIONALE DE BERNE.

DISCUSSION ET RÉSOLUTIONS.

PARIS.
IMPRIMERIE NATIONALE.

M DCCC LXXX.

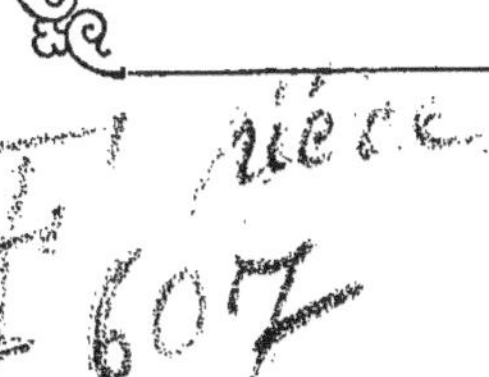

COMPTES RENDUS STÉNOGRAPHIQUES DES CONGRÈS INTERNATIONAUX

DE L'EXPOSITION UNIVERSELLE DE 1878.

AVIS. — Chaque compte rendu forme un volume séparé que l'on peut se procurer à l'**Imprimerie Nationale** (rue Vieille-du-Temple, n° 87) et dans toutes les librairies, au fur et à mesure de l'impression.

EXTRAIT
DU COMPTE RENDU STÉNOGRAPHIQUE
DU CONGRÈS INTERNATIONAL
POUR
LE DÉVELOPPEMENT ET L'AMÉLIORATION DES MOYENS DE TRANSPORT.
TENU À PARIS DU 22 AU 27 JUILLET 1878.

DE L'ÉTABLISSEMENT D'UNE LÉGISLATION INTERNATIONALE SUR LES TRANSPORTS PAR CHEMINS DE FER.

SÉANCE DU 25 JUILLET 1878.

RAPPORT ET DISCOURS

DE M. P.-A. DELBOY,
AVOCAT À LA COUR D'APPEL DE PARIS, MEMBRE DU CONSEIL GÉNÉRAL DE LA GIRONDE,

ET

DE M. DE SEIGNEUX,
AVOCAT À GENÈVE, SECRÉTAIRE DE LA CONFÉRENCE INTERNATIONALE DE BERNE.

DISCUSSION ET RÉSOLUTIONS.

PARIS.
IMPRIMERIE NATIONALE.

M DCCC LXXX.

ORDRE DU JOUR

DE LA SÉANCE DU JEUDI 25 JUILLET 1878.

QUATRIÈME QUESTION.

DE L'ÉTABLISSEMENT D'UNE LÉGISLATION INTERNATIONALE SUR LES TRANSPORTS PAR CHEMINS DE FER.

I. — Du contrat de transport international.

1° Convient-il d'obliger les chemins de fer à transporter les voyageurs ou les bagages par *service direct*, avec un seul billet ou une seule lettre de voiture, sur le réseau des chemins de fer des États contractants?

2° Lorsque l'expéditeur, dans son incompétence, se borne à demander dans la lettre de voiture le tarif le plus réduit, le chemin de fer est-il libre d'appliquer à son gré tel ou tel tarif spécial ou international?

3° A défaut de désignation de la voie à suivre, l'expéditeur aura-t-il droit à la voie la plus économique?

II. — Exécution du contrat de transport.

A qui faut-il reconnaître le droit de disposer de la marchandise en cours de transport?

III. — Action en indemnité et compétence.

1° A qui appartiendra l'action? Est-ce à celui qui a droit de disposer de la marchandise?

2° Contre qui l'action peut-elle être intentée? Contre le chemin de fer expéditeur ou contre le chemin de fer destinataire?

3° Le tribunal compétent sera-t-il celui du défendeur assigné?

IV. — Conditions, étendue, restrictions de la responsabilité des chemins de fer.

1° L'indemnité sera-t-elle évaluée en raison de la valeur commerciale, usuelle de l'objet perdu ou avarié?

2° En quoi le tarif spécial peut-il modifier les droits et la responsabilité des chemins de fer?

V. — Déchéances et prescriptions.

1° Y aura-t-il déchéance, après la réception des objets transportés et le payement du prix par le destinataire, même si le prix payé n'était pas légalement dû?

2° Y aura-t-il déchéance opposable à l'action s'il y a eu dol ou faute grave des transporteurs?

VI. — Recours des chemins de fer les uns contre les autres.

1° Le tribunal compétent sera-t-il celui qui est saisi de l'action principale?

2° En cas de refus de la marchandise ou d'avaries, les expertises seront-elles faites d'après des règles uniformes?

3° Le jugement définitif d'un tribunal compétent sera-t-il exécutoire, sans autres formalités, dans tout le territoire des pays signataires de la convention?

VII. — Transports des voyageurs et bagages.

1° Quelle sera l'étendue de la responsabilité des chemins de fer?

2° Le porteur du récépissé des bagages aura-t-il le droit d'action, soit contre le chemin de fer expéditeur, soit contre le chemin de fer destinataire?

Rapporteurs : MM. Wilson, député; Delboy, conseiller général de la Gironde; de Seigneux, secrétaire de la Conférence internationale de Berne; Esnard, avocat.

EXPOSÉ SOMMAIRE.

Messieurs, à notre époque, le commerce, l'industrie, la politique, la civilisation, tout sollicite le développement du trafic international. Chaque jour, les nations éprouvent un besoin plus grand de se débarrasser des entraves qui gênent ou paralysent les transports sur les voies ferrées, aux limites des Compagnies, aux frontières des États. Partout les chemins de fer sont poussés à multiplier les *services directs*, c'est-à-dire l'expédition des marchandises sur les réseaux de deux ou plusieurs lignes différentes *avec une seule lettre de voiture.*

Un problème se pose.

En l'absence d'une règle internationale, quelle loi appliquer au service direct? Celle du pays où la lettre de voiture a été rédigée ou celle du pays où la réclamation s'élève? Lequel aura le droit d'intenter l'action, de l'expéditeur qui seul a contracté avec le premier transporteur, ou du destinataire qui reçoit la marchandise des mains du dernier voiturier? D'autre part, contre qui le demandeur peut-il intenter l'action? Contre le premier transporteur ou contre le dernier? Si c'est contre le dernier, celui-ci pourra-t-il opposer la loi du chemin de fer qui a contracté avec l'expéditeur, ou sera-t-il lié par les lois de son propre domicile, alors même que le dommage serait le fait d'un précédent transporteur relevant d'un pays étranger? Enfin, s'il est condamné, sera-t-il couvert par la garantie des voituriers précédents, même quand la loi de ceux-ci serait différente de la sienne, ou ne sera-t-il garanti que dans la mesure permise par les lois de leurs pays respectifs?

Voilà les principales questions qui se posent et qui se poseront tant qu'il y aura des transports internationaux et qu'il n'y aura pas une législation uniforme pour régir le contrat de transport dans tous les pays traversés.

A la suite du commerce, les Compagnies, les publicistes, les Gouvernements de l'Europe s'en sont préoccupés. L'idée d'une législation internationale des transports par voie ferrée est partie de la Suisse en 1874. Elle s'est propagée en Allemagne, en Italie, en Hollande, en Belgique; elle s'y est propagée comme le système des chemins de fer d'État.

Le Conseil fédéral suisse a soumis un projet de convention aux Gouvernements allemand, français, italien et autrichien. L'Allemagne a élaboré un contre-projet en 1877. Enfin une Conférence de délégués de ces États vient d'arrêter, à Berne, un projet commun.

L'idée ne doit pas être regardée comme une chimère, une utopie, un rêve. Elle peut être réalisée par des peuples dont les lois sont à peu près identiques sur la matière, comme la Belgique, l'Italie, la Hollande, la Suisse qui nous ont emprunté notre Code de commerce. Et même, si la France veut s'isoler, il peut y avoir une entente de ces nations avec l'Allemagne, bien que celle-ci ait une législation des transports en contradiction avec la nôtre, parce que toutes ont adopté le système des chemins de fer d'État ou des Compagnies fermières et parce qu'elles tendent à attirer chez elles, à l'aide de tarifs combinés, le grand transit international de l'Europe.

Plus d'illusions! Déjà le règlement allemand du 11 mai 1875 a été adopté par 120 Compagnies allemandes, austro-hongroises, belges, suisses, néerlandaises, russes. L'union ferrée se fera, comme se sont faites l'union métrique ou monétaire, l'union postale ou télégraphique.

Il est de l'intérêt de tous les peuples de chercher à faire tourner l'union au profit du trafic de chacun d'eux. Tel est du moins notre avis. Quelle ligne de conduite peut suivre ici chaque pays, et le nôtre en particulier? Voilà ce que le Congrès doit examiner.

Doit-il prendre pour base le projet suisse ou le projet allemand ou le projet d'entente délibéré à Berne? A lui de décider. Quant à nous, nous devons réserver notre opinion.

Comme les auteurs de ces divers projets, le Congrès jugera sans doute qu'il importe de fixer certaines questions de principes : 1° sur le contrat de transport international; 2° sur l'exécution de ce contrat; 3° sur le droit d'action en indemnité et la compétence; 4° sur les conditions et l'étendue de la responsabilité des chemins de fer; 5° sur les recours des Compagnies les unes contre les autres; 6° sur les déchéances et prescriptions; 7° sur le transport des voyageurs et des bagages.

Avant tout, il s'agit de fixer les règles du contrat de transport international. Obliger les Compagnies des États contractants à faire le transport jusqu'au delà des frontières par *service direct*, ce n'est guère qu'étendre les obligations imposées à nos chemins de fer français par l'article 50 de l'ordonnance du 15 novembre 1845 ou par les articles 49 et 61 des cahiers des charges de 1857 et 1859. Convient-il d'adopter ce premier principe? Faut-il, en conséquence, obliger les Compagnies à rédiger, de concert avec l'expéditeur, une lettre de voiture? Ces deux principes viennent d'être adoptés par la Conférence de Berne. Il est probable qu'ils ne soulèveront pas d'objections. Mais il est permis de se demander si les articles 101, 102 du Code de commerce français continueront à régler la lettre de voiture. Outre les énonciations prescrites, faudra-t-il y mentionner, en outre, si l'expéditeur se réserve de disposer de la marchandise en cours de transport, l'expédition en grande ou petite vitesse, les papiers d'accompagnement requis par les douanes, octrois, autorités de police, l'expédition en port dû ou payé, la voie à suivre, si la marchandise voyage aux conditions d'un tarif général ou d'un tarif spécial, enfin la valeur déclarée au cas où le chemin de fer assure la marchandise?

Telles sont les principales questions qui peuvent se débattre sur le premier point.

Ensuite le Congrès voudra examiner les règles de l'exécution du contrat, depuis le moment de la réception par la gare expéditrice jusqu'à la livraison au destinataire. Vous connaissez les principes des Codes français (art. 91-93, 95, 97, 106 du Code de commerce; 2102, § 6, du Code civil). Convient-il de réserver à l'expéditeur le droit de disposition de la marchandise en cours de transport? Telle est l'importante question soulevée par les Suisses et les Allemands, et résolue affirmativement par la Conférence de Berne. Elle nous intéresse; on sait les incertitudes et les distinctions de notre jurisprudence en ces matières, notamment au cas où le récépissé a été envoyé au destinataire avant l'arrivée de la marchandise.

L'action en indemnité et la compétence soulèvent une troisième série de problèmes. En France, l'action appartient à l'expéditeur et au destinataire : à l'expéditeur, parce qu'il a contracté; au destinataire, parce que l'expéditeur a stipulé pour lui. Dans les divers projets, il y a ici une grande innovation. L'action n'appartient plus qu'à un seul, à celui qui a le droit de disposer de la marchandise. Est-il plus simple de se rallier à ce principe?

La compétence est, chez nous, indiquée par le domicile du voiturier, ou le lieu de la promesse et de la livraison, ou celui du payement, aux termes de l'article 420 du Code de procédure. Dans les projets suisse et allemand, c'est un nouveau sujet d'innovation. Dans le premier, le tribunal compétent, la loi applicable, c'est le tribunal et la loi du chemin de fer destinataire ou ceux du chemin de fer expéditeur, suivant que l'action est intentée par le destinataire ou par l'expéditeur. Dans le projet allemand, les deux administrations, celle d'expédition et celle de destination, sont toutes les deux actionnables, au choix du demandeur, quel qu'il soit. C'est ce dernier système que vient d'adopter la Conférence de Berne, en autorisant en outre le droit d'action contre un troisième chemin de fer, celui sur le réseau duquel le dommage a été causé.

Entre ces trois systèmes, lequel choisir?

Quelle sera l'étendue de la responsabilité des chemins de fer? Voilà ce qu'on se demande aussi naturellement. D'après les principes de notre Code, le voiturier est responsable en cas de pertes ou avaries, sauf le cas de force majeure (art. 103, 104 du Code de commerce; 1148, 1302, 1303, 1382 du Code civil). Et d'après le droit français, l'indemnité due peut être calculée en raison du *damnum emergens*, c'est-à-dire du dommage réel, de la perte elle-même, et, en outre, suivant le *lucrum cessans*, c'est-à-dire la perte du gain, résultat de la privation totale ou partielle de la marchandise ou du retard de la livraison. Sans doute, la jurisprudence peut tempérer cette règle, suivant les circonstances, surtout lorsqu'il n'y a ni dol ni fraude à reprocher au voiturier. Mais la règle n'en subsiste pas moins. Or, la loi allemande ne l'admet pas. A ses yeux, le voiturier n'est responsable que du dommage réel, matériel.

Il s'agissait de choisir entre les deux systèmes. Le projet suisse proposait un système mixte. En cas de déclaration de valeur dans la lettre de voiture, l'indemnité devait *être réglée d'après la valeur déclarée;* à défaut de déclaration, d'après la valeur commerciale, usuelle au lieu de destination, jusqu'à concurrence d'un maximum. Le projet allemand s'était rallié à ces idées, mais en réduisant le maximum dans de fortes proportions et en prétendant réduire également les limites de la responsabilité dans le cas de tarifs spéciaux. Or, c'est le système qui a été à peu près adopté par la Conférence de Berne. Convient-il de prendre pour règle de l'indemnité la valeur commerciale, usuelle? d'admettre la déclaration de valeur, l'indemnité normale maximum? Admettra-t-on la responsabilité réduite suivant les tarifs spéciaux? Voilà les points à discuter.

Les déchéances et les prescriptions ne présentent qu'une ou deux questions. D'après l'article 105 de notre Code de commerce, «la réception des objets transportés et le payement du prix de la voiture éteignent toute action contre le voiturier.» La jurisprudence comme la raison n'avait admis cette déchéance qu'au sujet des avaries ou du retard. Mais certains esprits inquiets ont cru voir dans un arrêt récent de la Cour de cassation une tendance à admettre aussi l'article 105 dans le cas de fausse application des tarifs, malgré les protestations du commerce et des tribunaux inférieurs. Faut-il, comme le proposent les projets de convention, stipuler que la déchéance de l'article 105 n'a pas lieu, ni en cas de dol ou de fraude, ni en cas d'avaries non apparentes, ni en cas de taxes illégalement perçues?

Le recours des chemins de fer les uns contre les autres est soumis, chez nous, aux articles 99 du Code de commerce et 1384 du Code civil. Si l'on admet le droit d'action contre le chemin de fer destinataire, qui n'aura peut-être pas reçu la marchandise, par exemple, dans le cas d'avaries ou d'arrêt en cours de transport sur un chemin intermédiaire, ne convient-il pas d'assurer certaines garanties à tous les chemins de fer soumis au droit de recours?

Les projets suisse et allemand proposaient que le tribunal compétent pour l'action principale fût aussi seul compétent pour l'action en garantie. Au contraire, le projet de la Conférence de Berne laisse la compétence au tribunal de la Compagnie assignée en garantie.

Tous les projets admettent que le jugement définitif d'un tribunal compétent devienne exécutoire dans tout le territoire des États contractants; que la procédure remplisse certaines conditions pour la constatation des avaries en cas de refus ou de réserves du destinataire.

Autant de questions à examiner.

Enfin, le transport des voyageurs et des bagages mérite une attention spéciale. Assurer le transport par service direct n'est pas moins utile pour eux que pour les marchandises. Garantir les recours, simplifier les procédures est non moins nécessaire. Le projet de Berne est muet à cet égard. Le projet allemand a abordé ces questions. Mais ne favorise-t-il pas les Compagnies bien plus que les voyageurs? Voilà ce qu'il est naturel de se demander.

Tels sont, Messieurs, brièvement résumés, les principaux problèmes que nous avons l'honneur de vous soumettre. Vous connaissez les diverses questions soulevées. Les proposer comme programme d'ordre du jour nous paraît plus simple que de détailler les questions générales et accessoires agitées, dans la discussion du projet suisse, du contre-projet allemand et du projet de la Conférence de Berne. Votre œuvre ne peut être que générale. C'est seulement à une Conférence internationale et aux législateurs qu'il appartient d'entrer dans les détails.

Du reste, votre rôle n'aura pas été sans portée, si votre Congrès éclaire la question, s'il indique les vues générales de l'opinion publique en ces matières. Ainsi, vous aurez puissamment aidé à établir la convention du transport international. Seules les idées générales peuvent résoudre des problèmes de cette importance.

L'un des rapporteurs,

P.-A. Delboy.

QUESTIONNAIRE

PRÉSENTÉ PAR M. DE SEIGNEUX, SECRÉTAIRE DE LA CONFÉRENCE DE BERNE.

I. — Du contrat de transport international.

1° Convient-il d'établir dans un traité les bases d'une législation uniforme sur les transports internationaux par chemins de fer?

2° Quels sont les principes généraux qui doivent être adoptés dans un pareil traité? — En particulier?

A. — Doit-on admettre que l'État peut et doit contraindre les Compagnies de chemins de fer de se soumettre à l'obligation d'entrer en relations directes, soit avec tous les chemins de fer nationaux, soit avec les chemins de fer étrangers? Dans quelles limites l'État aurait-il ce droit?

Quelles doivent être les limites de la responsabilité en matière de transports par chemins de fer? Faut-il appliquer le droit commun ou une législation spéciale?

Convient-il d'appliquer le droit français, ou le système des règlements allemands, ou enfin celui proposé par la Conférence de Berne?

Quelles seraient les modifications à apporter au projet de la Conférence spécialement? Convient-il d'admettre certaines présomptions de non-responsabilité en faveur du chemin de fer et, en outre, d'autoriser l'application de tarifs spéciaux dans lesquels le montant de l'indemnité est fixé d'avance dans les conditions de ces tarifs?

B. — A qui faut-il reconnaître le droit de disposer de la marchandise en cours de transport?

C. — A qui doit appartenir l'action en responsabilité?

Contre quels transporteurs cette action doit-elle être intentée?

Quel sera le tribunal compétent?

D. — Le payement de la lettre de voiture et la réception des objets transportés doivent-ils éteindre toute action en responsabilité?

E. — La législation internationale doit-elle régler ce qui concerne les recours de Compagnie à Compagnie? Si oui, quels seront les principes applicables en cette matière?

SÉANCE DU JEUDI 25 JUILLET 1878.

PRÉSIDENCE DE M. LEBAUDY,
DÉPUTÉ.

SOMMAIRE. — Ouverture de la séance sous la présidence de M. Lebaudy, député. — Lettres, mémoires et documents adressés au Congrès. — Ordre du jour. Quatrième question du programme : De l'établissement d'une législation internationale des chemins de fer. — Discussion générale : discours de MM. Delboy et de Seigneux, rapporteurs de la 4e Section. Observations de M. Avérous et de M. le Président. — Discussion et adoption du PREMIER VOEU présenté par la 4e Commission : discours de MM. Ameline de la Briselainne, avocat à la Cour, et Esnard. — Adoption des DEUXIÈME, TROISIÈME ET QUATRIÈME VOEUX. — Discussion et adoption du CINQUIÈME VOEU : discours et observations de MM. Esnard, de Seigneux, le Président, Ameline de la Briselainne, Cuinet, Delboy. — Discussion du SIXIÈME VOEU : exposé de M. le Président; explications et observations de MM. de Seigneux, Joly-Gauthier, Esnard. Adoption du sixième vœu amendé. — Adoption du SEPTIÈME VOEU. — Adoption du HUITIÈME VOEU : discours de M. Delboy. — Discussion du NEUVIÈME VOEU : discours et observations de MM. Esnard, Gatineau, Wilson, le Président, Joly-Gauthier, Ameline de la Briselainne, Delboy. Adoption du neuvième vœu amendé. — Vote de remerciements spéciaux à MM. Delboy et de Seigneux, rapporteurs de la 4e Section. — Adoption d'un VOEU TENDANT À TRANSMETTRE LES RÉSOLUTIONS DU CONGRÈS AUX MINISTRES DU COMMERCE, DES TRAVAUX PUBLICS ET DES AFFAIRES ÉTRANGÈRES.

La séance est ouverte à deux heures vingt-cinq minutes.

MM. CARPI, GRAPOW, KELETY, CÉRÉSOLE, ZIMMERMANN, DE SEIGNEUX, LEVASSEUR, Jules PETIT, DELIGNY et WILSON prennent place au bureau.

M. LE PRÉSIDENT, après avoir donné connaissance de diverses communications parvenues au Secrétariat général du Congrès depuis la dernière séance, ouvre la discussion sur la quatrième question du programme :

DE L'ÉTABLISSEMENT D'UNE LÉGISLATION INTERNATIONALE SUR LES TRANSPORTS PAR CHEMINS DE FER.

M. LE PRÉSIDENT. Messieurs, la question que nous devons traiter aujourd'hui est la plus longue et la plus complexe de celles qui doivent occuper le Congrès; cependant, nous ne pouvons lui consacrer que cette séance. Notre Commission a travaillé à cette question dans des réunions préparatoires, et elle a eu l'honneur de déposer, sur le bureau du Congrès, neuf ou dix projets de résolutions. Nous discuterons tout à l'heure ces projets; mais, auparavant, je donnerai la parole aux deux rapporteurs qui se sont spécialement occupés de la question : à l'honorable M. Delboy, dont vous avez pu lire le rapport; et à l'honorable M. de Seigneux, dont le rapport, qui n'a pu être distribué qu'aujourd'hui, sera lu par vous avec intérêt.

Quand ces Messieurs auront parlé, je demanderai au Congrès la permission de clore la discussion générale. Puis nous prendrons et nous discuterons, article par article, les résolutions proposées, et nous arriverons ainsi au bout de notre labeur, qui pourra être très long.

La parole est à M. Delboy.

M. Delboy, *rapporteur*. Messieurs, nous avons eu l'honneur de vous rapporter une question d'actualité : le projet d'une législation internationale sur les transports par voies ferrées. Notre rapport ayant été distribué, vous avez pu le lire. Il me suffira donc de résumer, en peu de mots, les principaux éléments de la question.

Nous serons unanimes, je l'espère, pour souhaiter et poursuivre l'établissement d'une législation internationale sur les transports par voies ferrées.

Le trafic international grandit et se développe sans cesse, en vertu de forces multiples, de lois supérieures, qui entraînent et guident les sociétés modernes; tout ce qui tend à les paralyser est mauvais; tout ce qui tend à les favoriser est bon; et le projet d'une législation internationale sur les transports est de ce nombre.

Les questions que soulève ce projet sont nombreuses. Quelle loi appliquera-t-on au service direct faisant circuler les marchandises à travers les réseaux de Compagnies différentes et à travers les frontières des États? Si nous supposons, à chaque changement de Compagnie, à chaque frontière, une nouvelle déclaration d'expédition après rupture de charge et transbordement, il est évident que chaque contrat de transport nouveau sera régi par la loi du pays où il sera fait. Mais, si nous considérons que le commerce veut éviter les transbordements, les ruptures de charges, les déclarations d'expédition multiples, les contrats de transport successifs; qu'il veut éviter toutes les lenteurs et toutes les difficultés qui en résultent; qu'il veut le service direct des marchandises à travers les Compagnies et les pays différents, nous voyons qu'alors notre problème paraît complexe aux yeux du législateur et du commerçant.

Quelle loi appliquera-t-on? Sera-ce la loi du pays d'expédition ou celle du lieu de destination? Qui aura, au cours des transports, le droit de disposer des marchandises? En cas d'avaries, comment se feront les constatations? Suivant quelle loi, sur quelle base sera établie l'indemnité? Qui aura le droit d'action, de réclamation? Sera-ce l'expéditeur ou le destinataire? Qui pourra-t-on assigner? Sera-ce la Compagnie d'expédition ou de destination? Quel sera le tribunal compétent? Le jugement sera-t-il exécutoire non seulement dans le pays où il aura été rendu, mais sur le territoire de tous les États contractants?

Telles sont les principales questions qui se poseront tant qu'il y aura des transports internationaux et tant qu'il n'y aura pas une législation uniforme pour les régir.

Plusieurs projets ont été élaborés. L'idée d'une législation internationale sur les transports n'est pas nouvelle; elle est partie de la Suisse, en 1874, sur l'initiative de MM. de Seigneux et Christ, avocats suisses. Et ici, Messieurs, nous devons leur rendre un public hommage et en faire remonter l'expression jusqu'à la Suisse, leur patrie, deux fois chère à tous les cœurs français! (Vive approbation.)

L'idée, partie de la Suisse, s'est propagée à travers l'Allemagne, l'Autriche, la Hongrie, la Belgique et l'Italie. Elle s'y est répandue comme le système des chemins de fer d'État.

Le Conseil fédéral suisse a élaboré un projet qui a été soumis aux Gouvernements français, autrichien, allemand et italien. En Allemagne, deux autres projets ont été préparés : l'un, en 1877, par M. le professeur Egger, qui l'a publié dans son livre *De la législation internationale des transports;* l'autre, par un Syndicat de chemins de fer. Enfin, des délégués des États que j'ai nommés viennent d'arrêter à Berne un projet de convention commune, qui est soumis actuellement au jugement de l'opinion et qui attend la ratification des États représentés à la Conférence.

Ce projet sera adopté, un peu plus tôt, un peu plus tard, avec des modifications, sans doute. Toute la question est de savoir sur quoi doivent porter ces modifications. Quant à nous, nous n'avons qu'un devoir dans notre Congrès : c'est d'éclairer la question. Nous sommes des organes de l'opinion, et nous devons, autant que possible, par nos vœux, préparer la discussion des Parlements.

Mais il n'y a pas en jeu que des questions de transport : le problème est plus haut. Il y va de l'influence commerciale et politique de certains pays, de la France, notamment. Et, en effet, il s'agit de savoir si, lorsque tous les États de l'Europe centrale tendent, par un concert d'efforts, à détourner chez eux, à l'aide de tarifs combinés, le transit international qui, durant des siècles, a passé par Marseille, Paris, le Havre, Boulogne et Calais; il s'agit de savoir, dis-je, si la France s'isolera du mouvement qui a entraîné les États de l'Europe à adhérer à la convention internationale. C'est au législateur à veiller au milieu du cercle d'envahissement qui tend à étreindre davantage notre pays; quant au Congrès, il ne peut que préparer, par des vœux, les décisions du législateur.

Entre tous les projets, quel est celui que vous pouvez et devez choisir? Sera-ce celui de la Convention de Berne ou le projet primitif, ou celui du professeur Egger? Préférerez-vous prendre d'autres résolutions, comme le demande votre Commission spéciale?

La question ainsi posée offre un grand intérêt, si l'on y réfléchit bien; car, quelque projet que vous adoptiez, celui de Berne ou les projets primitifs suisse ou allemand, évidemment, comme tous ces projets tendent à donner des solutions à des problèmes partout identiques, en définitive, ce sont ces problèmes qui seront soulevés dans votre discussion actuelle.

Les problèmes qui se posent aujourd'hui, qui se sont posés à Berne, comme à l'esprit des auteurs des projets antérieurs, doivent viser six ordres de questions :

1° Le contrat de transport international, son caractère;

2° Son exécution;

3° L'action en indemnité et la compétence;

4° Les conditions, l'étendue et les restrictions de la responsabilité des chemins de fer;

5° Le recours des Compagnies les unes contre les autres;

6° Les déchéances et prescriptions.

Nous ne parlons pas, pour le moment, du transport des voyageurs et des bagages.

Votre Commission a étudié un projet de convention internationale; elle a examiné ces six séries de problèmes, que je précise, et elle a écarté une foule de questions plus ou moins importantes. En définitive, elle a considéré qu'elle devait vous présenter neuf résolutions; elle a voulu vous demander :

1° S'il convient d'obliger les chemins de fer à transporter voyageurs et marchandises par service direct, avec un seul billet ou une seule lettre de voiture sur les réseaux des États contractants;

2° Si les Compagnies seraient obligées de diriger voyageurs et marchandises par les voies les plus économiques;

3° Si le porteur du duplicata de la lettre de voiture aurait seul le droit de disposer de la marchandise en cours de transport;

4° Si l'ayant droit aura la faculté d'intenter l'action contre la Compagnie d'expédition ou contre la Compagnie de destination, à son choix;

5° Si le tribunal compétent sera celui du défendeur assigné, suivant la règle de compétence en vigueur dans son pays;

6° Si la responsabilité du chemin de fer doit subsister sans atténuation en cas de tarifs spéciaux;

7° Si, outre l'indemnité, l'ayant droit pourra obtenir des dommages-intérêts, suivant le préjudice causé;

8° Si, même après réception des objets transportés et payement du prix des transports, le destinataire aura le droit, en cas d'avaries, d'intenter l'action dans les dix jours qui suivront la réception;

9° Si les Compagnies sont tenues de restituer d'office les perceptions indues, et si l'action par l'ayant droit pourra être exercée suivant le droit commun, c'est-à-dire pendant trente ans.

A toutes ces questions, votre Commission a fait des réponses affirmatives.

Messieurs, quand on examine un projet de convention internationale, quand on considère les difficultés qu'il y a à obtenir un accord commun, à cause des contradictions et de la diversité des législations des différents pays en présence, on se demande si l'on doit, par un entraînement exagéré de l'esprit d'abnégation qui pourrait être taxé de don quichottisme, sacrifier les droits et les principes en vigueur dans son pays aux droits et aux principes existant dans un autre pays? Nous ne le pensons pas. Nous croyons que les concessions réciproques ne peuvent être déterminées que par l'intérêt public, et qu'elles doivent être dictées par l'esprit de justice dans une vue de progrès général. La loi du progrès est souveraine, et les législateurs surtout doivent s'y plier. Le devoir de ceux qui travaillent à une législation internationale est donc d'offrir un modèle aux législateurs des différents pays, pour réformer, pour améliorer leur législation respective, et remplacer, par exemple, cette législation arriérée du Code de commerce de 1807, qui régit encore nos transports. Tel doit être le criterium en matière de législation internationale.

Mais si, au contraire, vous obligez un pays à sacrifier les principes de droit qui le régissent, tout simplement dans le désir d'arriver à une législation internationale uniforme, à supprimer des lois relativement bonnes pour le soumettre à des lois internationales radicalement mauvaises, vous rendrez un mauvais service à la cause de la civilisation.

C'est le progrès qui doit être notre pierre de touche. Or, quelle est la caractéristique du progrès en matière de transport? Le transport, comme le mouvement, a pour objet d'étendre l'empire de l'homme sur l'espace. Donc, le projet de législation internationale des transports doit favoriser cette tendance : l'expansion des droits et des facultés de l'homme sur les choses, au lieu de les contrarier; il doit augmenter l'empire du commerçant et du public sur les instruments de transport et sur ceux qui les exploitent, au lieu d'asservir l'homme, les droits, les prérogatives du commerce et du public aux instruments de transport et au monopole de ceux qui les détiennent. Tel est le but. (Applaudissements.)

C'est à ce point de vue que nous nous placerons pour juger les neuf résolutions qui vous sont présentées.

D'abord, nous sommes d'accord avec la Convention de Berne pour obliger les Compagnies des chemins de fer à transporter voyageurs ou bagages par service direct sur les réseaux des chemins de fer des États contractants.

Nous n'admettons pas pour cela qu'à côté de cette obligation de transport international on laisse subsister, par exemple, les dispenses de l'article 5 de la Convention de Berne :

. . . . . Que les moyens de transport réguliers suffisent pour effectuer l'expédition . . . . ., les Compagnies des chemins de fer ne seront tenues d'accepter les expéditions que pour autant que le transport puisse être effectué immédiatement. . . . . Les expéditions s'effectueront au fur et à mesure de leur acceptation au transport par le chemin de fer, sans exception, à moins qu'il n'y ait de motif valable basé sur l'organisation particulière du chemin de fer, la distribution des transports, ou l'intérêt public.

Nous sommes, à l'heure qu'il est, possesseurs d'un droit péniblement conquis et consacré par l'article 49 du cahier des charges, qui impose l'obligation du transport *avec soin, exactitude, célérité, sans tour de faveur.* Nous ne pouvons pas sacrifier ce droit, cette garantie du public, pour nous placer sous le régime d'une convention qui admet le droit de transport avec les restrictions que je viens de signaler, nous ne pouvons pas livrer le public à l'arbitraire des Compagnies. (Très bien! et applaudissements.)

En second lieu, les Compagnies, d'après nos propositions, seraient obligées de diriger d'office les voyageurs et les marchandises par la voie la plus économique, à moins de demande contraire.

Ce droit est aussi respecté dans une certaine mesure par l'article 6 de la Convention de Berne; mais remarquez, Messieurs, que cette Convention ne nous donne pas les satisfactions que nous demandons, car il est dit dans cet article 6 :

Que toute expédition internationale doit être accompagnée d'une lettre de voiture qui contiendra... (alinéa *l*) la mention de la voie à suivre; qu'à défaut de cette indication, le chemin de fer doit choisir la voie qui lui paraît la plus avantageuse pour l'expéditeur, et que le chemin de fer n'est responsable des conséquences résultant de ce choix que s'il y a eu faute grave de sa part.

Nous estimons que ce n'est pas au chemin de fer à déterminer la voie la plus économique, que c'est la nature des choses qui l'établit. Si l'expéditeur réclame la voie la plus économique, cette voie, indiquée par la nature des choses, doit être suivie. Si le chemin de fer se trompe dans la voie à suivre, il doit être responsable; ce n'est pas l'expéditeur qui doit être victime de l'erreur plus ou moins involontaire de la Compagnie.

En troisième lieu, nous disons que le porteur de duplicata de la lettre de voiture aura seul le droit de disposer de la marchandise en cours du transport.

Dans la Convention de Berne, ce droit de disposition a été aussi précisé, mais il n'a été reconnu qu'à l'expéditeur, par un article 15 ainsi conçu :

L'expéditeur a seul le droit de disposer de la marchandise, soit en la retirant à la gare de départ, soit en l'arrêtant en cours de route, soit en la faisant délivrer au lieu de destination ou en cours de route à une personne autre que celle du destinataire indiqué sur la lettre de voiture.

Le chemin de fer n'est tenu d'exécuter les ordres ultérieurs de l'expéditeur que lorsqu'ils sont transmis par l'intermédiaire de la gare d'expédition.

Le droit de l'expéditeur cesse lorsque, la marchandise étant arrivée à destination, la lettre de voiture a été remise au destinataire, ou que celui-ci a intenté l'action mentionnée à l'article 16.....

Ainsi, en cours de transport, d'après la Convention de Berne, il n'y aurait que l'expéditeur qui aurait le droit de disposer de la marchandise.

Actuellement, en France, nous sommes régis par une jurisprudence qui tend à s'établir, qui a été consacrée par divers jugements, et qui reconnaît le droit de disposition, non seulement à l'expéditeur, mais au destinataire, dès qu'il est nanti du récépissé. Nous déclarons qu'en effet, à ce moment, par la possession du récépissé le destinataire est devenu véritablement maître de la marchandise. Tel est notre droit.

Devons-nous le sacrifier, l'abandonner, nous contenter du droit de disposition accordé à l'expéditeur jusqu'à l'arrivée à destination, droit établi dans l'article 15 de la Convention de Berne? Nous ne le pensons pas; nous croyons que les résolutions que nous vous proposons sont plus larges, plus libérales, et nous vous demandons de les adopter.

Quatrièmement, l'ayant droit aura la faculté d'intenter l'action contre la Compagnie expéditrice ou la Compagnie destinataire, à son choix.

L'article 26 de la Convention de Berne porte :

Les actions qui naissent du contrat de transport international n'appartiennent qu'à celui qui a le droit de disposer de la marchandise.

Vous venez de voir que, d'après cette même Convention, le droit de disposer de la marchandise n'appartiendrait qu'à l'expéditeur.

D'après notre législation, le droit d'action appartient à l'expéditeur et au destinataire; à l'expéditeur, parce qu'il a contracté, et au destinataire, parce que, par le contrat, l'expéditeur a stipulé pour lui, et qu'aux termes de l'article 1121 de notre Code, de telles stipulations sont valables.

Nous pensons que le droit d'intenter l'action doit appartenir non seulement à l'expéditeur, mais qu'il doit être reconnu au destinataire nanti du récépissé.

Cinquièmement, contre qui l'action peut-elle être intentée? Contre le chemin de fer expéditeur ou contre le chemin de fer destinataire? Le tribunal compétent sera-t-il celui du défendeur assigné?

Vous savez que, d'après l'article 420 du Code de procédure, le droit d'action s'étend contre plusieurs Compagnies. D'après la Convention de Berne, le droit d'action serait bien ouvert contre le chemin de fer expéditeur, contre celui du lieu de destination et aussi contre le chemin de fer sur le réseau duquel le dommage aurait été occasionné en cours de route; mais il y a, dans l'article 27 de cette Convention, un paragraphe ainsi conçu :

L'action ne sera intentée que par-devant un tribunal dans le ressort duquel l'administration actionnée aura, d'après la législation du pays, un domicile réel ou un domicile élu.

Sans être versé dans la connaissance du droit, on sait que le mot *domicile* a, dans la langue juridique, un sens spécial et restreint; il désigne le principal établissement et non tous les établissements d'une entreprise, il désigne le siège social lorsqu'il s'agit d'une société, d'une compagnie, d'un chemin de fer. Par conséquent, nous n'aurions pas, avec la Convention de Berne, le bénéfice de notre jurisprudence actuelle qui conserve le droit d'action reconnu par l'article 69 du Code de procédure civile non seulement devant le tribunal du siège social d'une Compagnie de chemin de fer, mais aussi devant les tribunaux d'où ressortissent les principales gares. Ici, il y a plus de facilités accordées aux réclamations du public, et nous entendons maintenir ces facilités par la résolution que nous vous présentons.

Sixièmement, les tarifs spéciaux. Nous disons : « Pour aucun motif, la responsabilité du chemin de fer ne peut être atténuée. »

La Convention de Berne a admis dans l'article 31, qu'il faut rapprocher de l'article 35, des tarifs spéciaux; elle a établi quelles en seraient les conséquences, au point de vue de la responsabilité des Compagnies; elle dit :

Le chemin de fer n'est pas responsable : 1° de l'avarie survenue aux marchandises qui, en vertu des prescriptions des tarifs ou de conventions passées avec l'expéditeur, sont transportées en wagons découverts, en tant que l'avarie sera résultée du danger inhérent à ce mode de transport.

Cela va de soi; mais où l'innovation est regrettable, c'est quand cette Convention crée une présomption de non-responsabilité en faveur des chemins de fer; c'est quand elle dit, dans le paragraphe final de l'article 31 :

Si le chemin de fer établit que, eu égard aux circonstances de fait, l'avarie a pu résulter de l'une des causes susmentionnées, il y aura présomption que l'avarie résulte d'une de ces causes, à moins que l'ayant droit n'établisse le contraire.

De sorte que cette présomption de non-responsabilité étant accordée à la Compagnie, il peut se faire que l'accident paraisse résulter du transport en wagons découverts, pour que la Compagnie soit déchargée de la nécessité de faire la preuve qu'il n'y a pas faute de sa part, et exonérée de toute responsabilité, pour que l'obligation de la preuve de sa faute incombe à l'ayant droit. Or, vous comprenez l'impossibilité d'une pareille preuve; l'ayant droit ne saurait en bonne justice être soumis à l'obligation d'établir qu'en cours de transport, c'est par la faute des agents de la Compagnie, et non par le fait même du mode de transport, que l'accident a eu lieu.

Sur ce point, nous sommes d'accord avec la doctrine si bien indiquée dans le remarquable ouvrage de M. Sarrut sur les transports. Il y est manifestement établi que c'est à tort qu'on a voulu déplacer la responsabilité, et que, partout et dans tous les cas, la preuve doit incomber à la Compagnie, qui, évidemment, a plus de facilité pour dégager sa responsabilité lorsque le mode de transport peut engendrer les causes d'accident.

C'est ce que nous avons entendu réserver par ces mots : « Pour aucun motif, la responsabilité du chemin de fer ne peut être atténuée ». L'obligation de la preuve doit être, à notre avis, toujours à la charge de la Compagnie; c'est à elle de prouver que l'accident résulte de la force majeure ou du mode de transport; nous n'admettons pas qu'on puisse établir en sa faveur une présomption de non-responsabilité.

Septièmement : « L'indemnité sera calculée à raison de la valeur commerciale de l'objet perdu ou avarié et l'ayant droit pourra en outre obtenir des dommages-intérêts, suivant le préjudice causé. — En cas de retard, l'indemnité sera également calculée d'après le préjudice causé. »

L'indemnité a été prévue et réglée par l'article 34 de la Convention de Berne, dans les termes que voici :

Si, en vertu des articles précédents, l'indemnité pour perte totale ou partielle de la marchandise est mise à la charge du chemin de fer, l'indemnité sera calculée d'après le prix courant des marchandises de même nature et qualité au lieu et à l'époque où la livraison aurait dû s'effectuer. A défaut de prix courant, l'indemnité sera calculée d'après la valeur de la marchandise évaluée sur les mêmes bases.

Et dans l'article 38 de la même Convention, il est dit :

S'il y a une déclaration d'intérêt à la livraison, il pourra être alloué, en cas de perte totale ou partielle, outre l'indemnité fixée par les articles 34 et 35, et en cas d'avarie, outre l'indemnité fixée d'après l'article 37, des dommages-intérêts qui ne pourront dépasser la somme fixée par la déclaration, à charge par l'ayant droit d'établir le dommage.

Vous connaissez le droit français en cette matière. Il est utile d'indiquer en quelques mots le droit allemand, pour expliquer la portée de ces deux articles.

Le droit français admet qu'en cas de dommage, la Compagnie est obligée de le réparer dans toute son étendue, suivant l'appréciation du tribunal. C'est le principe général de l'article 1382 de notre Code civil, qui est appliqué en pareille circonstance. Ainsi le commerçant pourra, suivant les cas, obtenir une indemnité, non seulement à raison de la valeur commerciale de l'objet perdu ou avarié, mais même une indemnité pour le préjudice indirect, résultant de la privation de sa marchandise au moment où il en avait besoin et où il pouvait en tirer parti.

Le règlement allemand du 11 mai 1875 dispose tout le contraire. Il s'explique par l'organisation même des chemins de fer. En Allemagne, on est en face de chemins de fer d'État; naturellement l'État a cherché à diminuer la responsabilité et par conséquent le droit de réclamation du public. Ce règlement accorde une indemnité fixe de 75 francs par 100 kilogrammes en cas de perte ou d'avarie. C'est là une indemnité souvent dérisoire ou en disproportion avec le préjudice causé. Cependant il admet aussi le système de l'assurance, qui permet d'obtenir une réparation du dommage, en raison du montant de cette assurance; mais l'assurance n'est obtenue qu'au prix d'une surtaxe.

C'est pour concilier ces deux droits que la Convention de Berne a admis le système mixte dont j'ai parlé. En règle générale, elle n'alloue l'indemnité qu'en raison de la valeur commerciale de l'objet perdu ou avarié, valeur commerciale déterminée au lieu et au moment où devait se faire la livraison.

En général, elle a alloué une indemnité qui était en raison de la valeur perdue ou avariée; c'est évidemment mieux que l'indemnité dérisoire de 75 francs les 100 kilogrammes. Mais la Convention de Berne a voulu aller plus loin; elle a dit :

Si l'expéditeur a déclaré l'intérêt à la livraison, et si la somme déclarée ne dépasse pas le dommage survenu, alors l'ayant droit pourra obtenir la réparation du dommage causé, pourvu qu'il justifie de ce dommage.

En un mot, c'est à ce moment que s'ouvriront les règles de droit édictées en France.

Nous ne comprenons pas ce système compliqué. Nous trouvons que le système qui consiste à réparer le dommage causé, ne peut pas être abandonné par nous; nous devons le maintenir. Le système mixte de Berne est véritablement un peu trop compliqué; et, malgré notre respect pour la Convention de Berne, nous dirons que c'est un système de chinoiseries, pour employer le mot célèbre de M. Thiers.

Pour les déchéances, votre Commission établit que, même après la réception

des objets et le payement du prix, le destinataire a droit d'intenter une action, pourvu que la constatation des avaries soit demandée dans les dix jours de la réception. Ce principe est admis dans l'article 44 de la Convention de Berne, qui donne des facilités au commerce.

Quant à la répétition de l'indû, nous maintenons ce droit, suivant les règles du droit commun, même après la réception de l'objet transporté.

Vous savez les plaintes qui ont été soulevées par la récente interprétation de l'article 105 de notre Code de commerce, portant que :

La réception des objets transportés et le payement du prix de la voiture éteignent toute action contre le voiturier.

La Convention de Berne s'exprime ainsi à ce sujet (art. 44):

Le payement du prix de transport et des autres frais à la charge de la marchandise et la réception de la marchandise éteignent toute action contre le chemin de fer provenant du contrat de transport.

Mais elle a eu soin de disposer (art. 12 *in fine*) :

En cas d'application irrégulière du tarif ou d'erreurs de calcul dans la fixation des frais et droits de transport, la différence en plus ou en moins devra être remboursée.

Qu'est-ce que la répétition de l'indû, après la réception des objets transportés, devant l'interprétation récente de l'article 105 du Code du commerce? Le commerce persiste à ne pas le croire applicable aux taxes illégitimement perçues, par cette raison que les transports par chemins de fer n'étaient pas prévus lors de la promulgation de ce Code, et qu'il ne prévoyait que les transports faits par le roulage et les voies d'eau.

En face de cette interprétation récente de notre article 105, nous sommes heureux de voir la Convention de Berne nous offrir des garanties, et admettre la répétition de l'indû, même après la réception des objets. Mais comme cette Convention ne parle de cette réserve qu'à son article 12, qu'il n'en est pas question à l'article 44, qu'elle y a été oubliée, qu'il pourra se faire qu'elle soit oubliée de nouveau dans le remaniement de cette Convention, de même qu'on y a oublié les mots «légalement dus», qui avaient été écrits dans le texte du projet primitif; pour éviter toute espèce d'oubli semblable à l'égard de ce droit, nous voulons qu'il soit nettement établi par une résolution spéciale. Tel est l'objet que nous nous proposons dans notre rédaction.

Comme vous le voyez, il y a désaccord sur différentes questions entre les idées de votre Commission spéciale et les projets suisse, allemand et surtout le projet de la Convention de Berne.

Il peut paraître regrettable de se trouver en désaccord avec les membres de la Conférence de Berne, où se trouvaient représentés la plupart des États de l'Europe, excepté l'Espagne et l'Angleterre.

On nous menace souvent de l'isolement de la France, on nous fait craindre que nous ne soyons enfermés, tôt ou tard, dans un cercle de Popilius, si bien qu'il nous serait impossible d'en sortir. On nous fait entrevoir notre exclusion d'une entente internationale par les lignes italienne, belge, suisse et allemande.

Eh bien ! Messieurs, j'ose le dire, nous ne sommes pas de ceux qui s'effrayent de cette éventualité; sans nous dissimuler le danger, nous envisageons l'avenir avec plus de confiance. Nous savons que la France a des débouchés en Europe pour ses exportations. Si certains peuples parvenaient jamais à nous exclure de la Convention internationale sur la législation des transports par voie ferrée, c'est l'Europe qui en souffrirait le plus pour le transport des marchandises qu'elle tire de France; l'Europe le sait bien.

Dans cette situation, la France est assez forte pour qu'on écoute sa voix.

Mais supposez pour un instant que l'Europe, oublieuse de son intérêt, méconnaisse nos droits dans l'union générale; supposez que l'entente exclusive de nos rivaux soit à la veille de détourner, à notre préjudice, le transit international qui passe encore par notre pays; eh bien! alors, à leurs tarifs combinés de chemins de fer, à ces tarifs qui ne peuvent descendre sans perte au-dessous de 3 centimes par tonne et par kilomètre, nous opposerons notre éternelle voie de transit du Havre à la Méditerranée, non plus telle qu'elle est, mais avec des voies navigables améliorées, perfectionnées, où le prix de transport pourra descendre, comme pour nos canaux du Nord, au-dessous de 2 centimes par tonne et par kilomètre; nous pourrions ainsi sortir du cercle dans lequel certains adversaires rêvent de nous étouffer.

Nous verrons si l'Europe voudra alors nous écarter du concert européen!

Si cela ne suffit pas, nous aurons encore d'autres armes; nous suspendrons, comme une épée de Damoclès, la menace du rachat sur les chemins de fer, du Havre et de Calais jusqu'à la Méditerranée, et nous amènerons, soyez-en sûrs, les Compagnies à offrir au commerce du transit des tarifs encore plus réduits que ceux de nos adversaires.

La France n'a rien à craindre.

Il nous faut conclure. Nous ne cachons pas notre pensée, nous sommes de ceux qui précisent leurs vœux et leurs réclamations. Nous disons : Oui, nous adhérons à la Convention de Berne en tant qu'on trouve à réaliser par elle un progrès sur le passé. Mais nous ne sacrifierons rien des intérêts du commerce, des garanties du public, des droits de la justice, des progrès de la législation, aux prétentions envahissantes et insatiables des chemins de fer de la France ou de l'étranger. (Applaudissements.)

Si la France les défend, les soutient, si par suite elle est exclue du droit public, il lui restera une suprême ressource : le rachat des chemins de fer par l'État, pour faire prévaloir, un jour, ces idées dans la Convention internationale qui réglera la législation des transports. (Applaudissements.)

M. le Président. M. de Seigneux a la parole.

M. de Seigneux (Suisse), *rapporteur*. Messieurs, le Comité d'organisation du Congrès international m'a chargé de faire une communication spéciale sur les *Résultats de la Conférence de Berne*. La plus grande partie du public se demandera: Qu'est-ce que la Conférence de Berne? car malheureusement autour de ce travail si important, qui peut avoir pour tous, et particulièrement pour le commerce, des résultats considérables, on a fait une espèce de conspiration du silence.

Cette conspiration du silence n'a pas pu empêcher que le public intéressé, je parle des commerçants, ne désirât connaître les avantages de la Convention internationale des chemins de fer et ne voulût se rendre compte du développement énorme que prendra le transit des marchandises, lorsque ce transport sera effectué sans avoir à subir les inconvénients du système actuel.

Cette conspiration du silence a été organisée par les grandes Compagnies de chemins de fer, qui ont le plus grand intérêt à ce que l'on ne s'occupe pas de leur chose. Voilà, je le répète, l'origine de cette conspiration du silence; et, lorsqu'on parle à leurs administrateurs de la Conférence de Berne, ils disent: Nous ne la connaissons pas, nous l'ignorons complètement. Qu'est-ce que ces petites gens qui se permettent de s'occuper de choses si importantes? C'est à nous seuls qu'il appartient de diriger l'opinion publique.

Je regrette, pour ma part, que les Compagnies françaises, pour lesquelles je professe la plus grande estime, et à l'administration desquelles je rends certainement toute justice, je regrette beaucoup qu'elles aient pris cette attitude, parce que, nonobstant leurs désirs et leurs efforts, nonobstant les opinions d'un certain nombre de Compagnies de chemins de fer, l'idée d'une organisation internationale s'impose à tous, qu'elle est déjà adoptée dans les pays étrangers, et qu'elle est déjà, non pas une hypothèse, mais une idée réelle qui a pris cours, qui a vie, et qui est aujourd'hui représentée par le programme de la Convention de Berne sur laquelle je viens appeler votre attention.

Le projet de la Convention de Berne n'est pas le programme de quelques jurisconsultes ou de quelques personnes qui s'occupent de l'uniformité de législation au point de vue théorique. Non; c'est le fait d'hommes essentiellement pratiques, essentiellement commerciaux, qui ont compris l'importance d'une législation uniforme sur les transports.

Je me bornerai à vous démontrer en peu de mots la nécessité d'une législation internationale uniforme sur les transports par chemins de fer, et les progrès qu'a réalisés le programme de la Convention de Berne.

Je n'entrerai pas dans la discussion du projet comme le voudrait l'honorable préopinant, car je n'estime pas qu'une pareille discussion soit à sa place dans cette assemblée. Je n'en remercie pas moins très sincèrement l'honorable M. Delboy des paroles très sympathiques qu'il a prononcées en faveur de l'œuvre que nous avons entreprise. Si nous avons répondu aux désirs du Comité d'organisation du Congrès, c'est pour que les négociants français apprissent à connaître l'existence du projet de Berne, et fussent appelés à donner leur opinion et à peser autant que possible dans les décisions de la prochaine Conférence, de manière que le législateur français intervienne dans la rédaction définitive et fasse prévaloir toute l'autorité de la législation française et des idées françaises.

Voilà pourquoi nous prenons part à ce Congrès et nous invitons les représentants des chemins de fer, du commerce, de l'industrie, de l'administration, à venir, dans cette question, apporter toutes leurs lumières et insister pour que la législation française soit prise en grande considération dans la rédaction définitive du programme.

Je vais essayer de vous faire comprendre en quelques mots la nécessité d'une législation internationale. Permettez-moi de prendre un exemple.

Je ne veux pas vous faire un discours; c'est une simple conversation exclusivement pratique sur l'objet de cette Convention et sur sa nécessité.

Je suppose, Messieurs, que vous vouliez expédier des marchandises de Paris à Berlin; vous aurez deux moyens pour le faire, ou vous vous servirez des services internationaux établis entre elles par les Compagnies de chemins de fer qui relient Paris à Berlin; ou vous serez obligés de recourir au service interne avec rupture de charge, création successive de nouvelles lettres de voiture, et intervention de commissionnaires intermédiaires du point de départ au lieu de destination.

Les Compagnies de chemins de fer ont établi des services internationaux, et, en cela, elles ont rendu un grand service au commerce en général. Mais cela suffit-il? Nous ne le pensons pas.

En effet, aussi longtemps que nous n'aurons pas réglé par une loi internationale les transports par chemins de fer, les Compagnies pourront établir des services internationaux, non pas à partir de toutes les gares d'une région à destination d'un autre pays, mais spécialement à partir de certaines gares à destination d'autres gares désignées dans le service international. Par conséquent tous les exportateurs d'un pays ne peuvent pas profiter de cette possibilité d'expédier par services internationaux, car ils sont obligés de s'en tenir aux conditions indiquées dans les tarifs; ils ne peuvent profiter d'une manière générale des facilités données par les chemins de fer à certaines gares.

En second lieu, dans les clauses des tarifs internationaux, on introduit presque toujours des conditions spéciales qui, dans la plupart des cas, sont une dérogation au droit commun; c'est-à-dire qu'on insère dans ces tarifs des conditions restrictives auxquelles les expéditeurs qui veulent profiter de ces tarifs sont obligés de se soumettre. Enfin les Compagnies sont libres de supprimer ces services internationaux lorsqu'il ne leur convient plus de les maintenir. Il n'y a donc rien de stable dans leur existence, et tel négociant qui aura traité un marché important, en comptant sur la possibilité de se servir du tarif international, verra sa situation compromise par la suppression à bref délai de ces services.

Le but d'une législation internationale est de remplacer l'arbitraire par la loi, de forcer les Compagnies d'offrir au commerce certaines stipulations, et de se soumettre au droit international.

Vous le voyez donc, nous sommes en face d'un inconvénient sérieux.

Mais ce n'est pas le seul inconvénient qui résulte de l'état de choses actuel. Alors même que vous avez des tarifs internationaux, il y a toujours une variété de législation; je vais vous en donner un exemple.

Supposons une expédition de marchandises d'Anvers à Turin. Alors même que vous vous soumettrez aux conditions imposées dans le tarif d'Anvers à Turin, ces tarifs ne peuvent répondre à toutes les éventualités; vous êtes dans l'obligation de vous soumettre aux législations des différents États que traverse votre marchandise. Ainsi, d'Anvers à Turin, l'expédition sera régie par les législations belge, allemande, suisse et française.

Voilà ce qui résulte de l'état de choses actuel. Les négociants qui en ont fait l'expérience ont pu se rendre compte de l'inconvénient que je viens de signaler.

Ce que nous nous sommes proposé, l'œuvre à laquelle nous avons voué, sinon notre talent, du moins notre activité, c'est d'arriver à avoir pour tous les pays une législation internationale sur les transports par chemins de fer.

Quoi de plus difficile à comprendre qu'un transport entre Anvers et Turin, qui constitue, par conséquent, un seul et même transport, soumis à cinq législations, à cinq régimes différents? Quoi de moins logique que, suivant que l'avarie se produit sur tel point, l'indemnité sera réglée de telle façon, tandis que, si elle se produit dans le pays voisin, elle sera liquidée d'une toute autre manière? Y a-t-il quelque chose de plus invraisemblable que ce système qui permet, dans un pays, à l'expéditeur de disposer de la marchandise, et, dans un autre, autorise le destinataire à donner seul des directions? Comment admettre un système qui admet des prescriptions dans tel cas, et des règles contraires un peu plus loin? Pourquoi les rapports d'experts seraient-ils faits de telle ou telle manière en France et tout autrement en Suisse? Y a-t-il quelque chose qui soit plus dangereux pour le commerce international qu'un pareil état de choses? Il suffit de poser la question pour qu'elle soit résolue, et pour que tous, d'une façon unanime, vous disiez : C'est absurde, nous ne comprenons vraiment pas qu'en 1878 nous en soyons encore là. C'est contre cet état de choses que nous voulons réagir; c'est pour remédier à cette situation que nous voulons avoir une législation internationale. Comment cette législation peut-elle être créée?

Voilà la seconde question que je me permets de poser.

Cette législation peut naître et se développer par une entente entre les divers États. Il est certain, — et en cela j'approuve dans une certaine mesure les paroles qui ont été prononcées par l'honorable M. Delboy, — il est certain, dis-je, que les principes de la législation française sont bons jusqu'à un certain point; mais il ne faut pas oublier qu'en France il y a un Code qui a été fait par des législateurs qui ne connaissaient pas du tout les chemins de fer. On ne peut venir soutenir aujourd'hui que le Code de 1807 a pu prévoir toutes les éventualités qui se présentent en matière de chemins de fer; on ne peut pas dire que la législation française, qui, au fond, n'est que le résultat d'une jurisprudence tellement variée que les arrêts de la Cour de cassation, sur un grand nombre de points, changent tous les jours, soit telle qu'on puisse la proposer comme exemple aux autres pays. Non, Messieurs; on répondrait avec justice, je crois, — et je ne veux blesser en rien le sentiment national, ni surtout jeter la pierre aux admirables législateurs du Code civil, — on pourrait répondre : Messieurs, vous êtes en retard d'un demi-siècle; ayez l'obligeance de vous mettre d'accord avec les nécessités de la situation; veuillez faire ce que les autres pays ont fait, une législation sur les chemins de fer; et, quand vous aurez approprié votre législation aux besoins de l'époque, nous pourrons discuter.

Certes, les principes de votre Code civil sont excellents; ils ont été posés par des hommes d'une science, d'un talent exceptionnels, mais ils ne répondent plus aux nécessités du moment; et, à ce point de vue, l'étude de la législation internationale est une chose utile, malheureusement trop peu commune dans certains pays et qui réclame, de la part des hommes d'État de l'Europe, une étude beaucoup plus approfondie que celle qu'on en a faite jusqu'à présent.

C'est par l'étude de la législation internationale qu'on arrive à se rendre compte des besoins et des désirs des peuples, que l'on crée, non pas un droit qui varie suivant les frontières, mais un droit unique, basé sur la seule idée de justice.

Et si je me permets, Messieurs, de faire ces observations, — quoique étranger à la France, mais d'ailleurs très sympathique à la nation française, — c'est parce que, dans cette matière, le Gouvernement que vous avez peut rendre de très grands services; c'est ici que l'initiative individuelle des citoyens peut s'exercer. Si, à une certaine époque, le Gouvernement a étouffé les aspirations et les désirs du pays, s'il est arrivé à dire : « L'État, c'est moi, et ce que je fais est bien, » aujourd'hui vous avez le bonheur de vivre sous un régime qui favorise l'initiative individuelle et qui permet de produire les résultats qui sont nécessaires au développement du commerce. Ne laissez donc pas le Gouvernement seul à s'occuper du projet de Berne, mais étudiez-le et critiquez-le. (Très bien! — Applaudissements.)

Comment sommes-nous arrivés, à Berne, à la rédaction de la Convention qui est aujourd'hui sous vos yeux? Nous avons été obligés d'arriver à un compromis. On ne peut pas, lorsqu'on veut faire une Convention, avoir la prétention de dire : Voilà l'extrême de nos désirs, et nous n'irons pas plus loin; il faut nécessairement prendre en considération les usages, les obligations qui résultent des relations internationales.

Quelque naturels que soient les désirs du commerce français, je voudrais cependant le mettre en garde contre ce danger qui consisterait à dire : Nous voulons ceci, et pas autre chose. Il faut, dans la discussion, faire des concessions, et, du moment qu'il s'agit d'une discussion internationale, vous devez vous placer à un point de vue général et admettre que des principes qui, dès l'abord, peuvent paraître singuliers, sont nécessaires si l'on veut arriver à une entente.

Voici comment s'est établie l'entente internationale qui s'est faite à Berne et sur laquelle je ne saurais trop appeler l'attention de l'opinion publique et des Chambres de commerce, qui ont ici des représentants.

Il y a, en réalité, deux systèmes bien différents en matière de transports : le système français et le système allemand. Or, dans le projet de Berne, on n'a admis ni le système français à l'exclusion du droit allemand, ni le système allemand à l'exclusion du droit français. On a pris dans l'un et dans l'autre ce qui paraissait être bon, ce qui constituait un progrès, et l'on est arrivé ainsi à une entente générale.

Il ne suffit pas, j'en suis persuadé, dans une assemblée comme celle-ci, — permettez-moi encore cette observation, — de parler des idées allemandes pour que, de prime abord, on recule épouvanté; non, Messieurs, en tout pays il y a de bonnes choses à prendre; je ne suis pas complètement partisan du système allemand, mais cependant je dois reconnaître que l'on peut faire à la législation allemande d'excellents emprunts.

Du reste, les délégués de la France, de la Belgique, de l'Allemagne, de l'Autriche, de la Hongrie, de l'Italie, de la Suisse, du Luxembourg et de la Russie ont eu la même opinion. Or, quand des représentants diplomatiques de ces différents pays acceptent de leurs Gouvernements la mission de se réunir en Conférence et d'élaborer une Convention comme celle qui nous est présentée, on ne peut pas soutenir qu'il s'agit là d'un projet sans importance; on doit le prendre tel qu'il est, c'est-à-dire avec toute la valeur qui s'attache à l'œuvre de délégués aussi capables que ceux qui avaient été choisis par les divers Gouvernements.

Ces délégués se sont réunis à Berne le 13 mars dernier. Ils arrivaient nantis d'instructions plus ou moins générales, plus ou moins précises, et je dois dire tout de suite, pour ne pas vous effrayer, que les décisions qui ont été prises ne sont pas définitives. On a formulé tout simplement un avant-projet qui est destiné à être soumis aux critiques des Gouvernements qui ont pris part à la Conférence, à l'étude des Chambres de commerce, des autorités quelconques qui peuvent y avoir intérêt, de telle sorte que, dans une Conférence prochaine qui sera, cette fois, définitive, les objections qu'aura soulevées ce projet seront examinées, pesées et discutées. Ce projet, vous l'avez aujourd'hui sous les yeux, et comme il m'était impossible d'entrer ici dans l'examen du projet lui-même, le Comité a fait imprimer un rapport que j'ai préparé et qui contient brièvement tous les renseignements nécessaires. Le rapport et le projet vous ont été distribués, et je m'en réfère à ce travail.

Eh bien! c'est ici le cas ou jamais, pour les Chambres de commerce françaises, pour les associations commerciales, pour tous ceux qui s'occupent de l'intérêt général, d'étudier avec attention ce projet et de venir présenter leurs observations et leurs critiques.

Je ne saurais trop le dire : la mission que je me suis imposée en venant ici, c'est d'éclairer l'opinion publique, c'est de dire aux intéressés : Prenez garde; la question est plus grave que vous ne le pensez, le moment est venu de vous en occuper; plus tard il ne serait plus temps. Il est quelquefois désagréable de remplir ce rôle, mais nous devons nous y dévouer, nous qui n'avons qu'un intérêt purement théorique; car enfin ce n'est pas nous qui en retirerons les bénéfices, ce seront les négociants, tous ceux qui s'intéressent au commerce international.

C'est pourquoi, Messieurs, s'il est parmi vous des représentants des Chambres de commerce, je leur répéterai sans cesse : Examinez la question!

Je n'ai pas la prétention de soutenir que la Convention de Berne soit une chose excellente; je n'en admets pas certains principes; je me joins, sur beaucoup de points, aux critiques qu'a formulées M. Delboy, mais je vous dis : Examinez la question!

Voilà, en peu de mots, ce qu'a été et ce que sera la Convention de Berne.

Quelle conclusion faut-il en tirer?

C'est que vous devez soumettre ce projet de Convention à votre examen le plus attentif. Nous sommes ici en Congrès international, et je ne puis aborder les sujets particuliers; mais s'il se trouve des membres de cette assemblée qui désirent des explications spéciales sur le texte de la Convention, je me ferai un véritable plaisir de me mettre à leur disposition et de leur fournir tous les renseignements nécessaires, soit par correspondance, soit dans des conférences ou de toute autre manière.

Quant à moi, Messieurs, je remercie sincèrement le Comité d'organisation du Congrès de m'avoir donné l'occasion de vous soumettre purement et simplement cette question. Je ne veux pas entrer dans les détails; je ne crois pas que ce soit le cas de discuter une Convention qui comprend 56 articles, et à côté de laquelle il y a encore beaucoup d'autres questions. J'appelle tout simplement votre attention sur ce fait et, je le répète, je suis entièrement à la disposition de ceux qui voudront bien me demander des explications particulières. (Très bien! très bien! — Applaudissements.)

M. le Président. Ainsi que l'assemblée a bien voulu le décider au début de la séance, je prononce la clôture de la discussion générale.

M. Avérous. Si l'on doit émettre un vœu au sujet de la Convention de Berne, je demande la parole.

M. le Président. M. de Seigneux a l'obligeance de se mettre à la disposition de ceux qui voudront discuter avec lui, mais il n'y a pas de vœu à émettre, et le Bureau n'en propose pas.

Je rappelle que l'assemblée a décidé qu'on clorait la discussion générale après avoir entendu les deux rapporteurs. Si quelqu'un a des objections à faire contre la clôture, je lui donne la parole.

M. Avérous. Messieurs, j'ai noté simplement quelques observations que je voudrais présenter au sujet de la Convention elle-même.

M. de Seigneux nous a fait pour ainsi dire une obligation de cette Convention si nous voulions participer à la législation sur les transports internationaux; or, comme cette Convention, d'après moi, porte une grave atteinte, non seulement à notre droit, mais à nos usages commerciaux en matière de chemins de fer, je désirerais la combattre. Maintenant, s'il n'y a pas lieu de répondre, je m'incline. Je ferai seulement remarquer au Congrès que nous avons une masse de tarifs internationaux qui sont régis par le décret du 26 avril 1862, et qui rayonnent sur 3,255 gares étrangères; je me demande quel avantage nous pouvons avoir aujourd'hui à accepter de nouvelles conditions qui aggraveront notre position commerciale, pour donner satisfaction à la Convention qui a été élaborée à Berne.

M. le Président. Je ferai remarquer à l'orateur que la Convention de Berne n'est pas en discussion ici. M. de Seigneux, sur l'invitation du Bureau, nous a dit ce qui s'était passé à Berne. En terminant, il a eu soin de déclarer que ce qui a été fait n'était pas définitif, mais serait sujet à revision dans une porchaine Conférence.

Notre rôle, je crois, est d'émettre des vœux, de les transmettre à notre Gouvernement, qui, les ayant adoptés s'il le juge convenable, chargera les diplomates qu'il enverra à la Conférence de les soutenir. Si nous établissions la discussion sur la Convention de Berne, nous ne finirions pas d'une manière utile notre séance; et comme le Comité dont vous faisiez partie, Monsieur, a décidé hier qu'il serait présenté au Congrès des vœux à émettre, je demande la permission de faire discuter ces vœux, et je ne crois pas qu'il y ait autre chose à l'ordre du jour.

Je donne lecture du **Premier vœu** que la Commission propose au Congrès d'émettre; il est ainsi conçu :

Il convient d'obliger les chemins de fer à transporter les voyageurs, les bagages et les marchandises par service direct avec un seul billet ou une seule lettre de voiture sur les réseaux de chemins de fer des États contractants.

Je donnerai la parole aux personnes qui auront des observations à présenter ou qui proposeront des modifications à ce vœu.

M. Ameline de la Briselainne. Je prendrais bien la parole, mais malgré moi, je craindrais de rentrer dans la discussion générale.

M. le Président. Je vous engage à prendre la parole en vous priant seulement d'être aussi bref que possible, parce que, je le répète, il faut que nous finissions ce soir. Veuillez, je vous prie, monter à la tribune.

M. Ameline de la Briselainne. La discussion se trouve un peu écornée. La pensée de l'honorable orateur, j'en suis persuadé, comme des autres membres qui auraient sans doute voulu prendre la parole, n'était en rien de critiquer ou d'atténuer les huit ou neuf résolutions proposées par M. le rapporteur Delboy; mais, en dehors de ces propositions de détail, il y a véritablement, dans une question de cette ampleur, des considérations qui en sont le couronnement et le faîte, et qui sont indispensables dans la discussion. Tout n'a pas été dit, et il me semble, pour ne prendre que cet article 1er sur lequel l'assemblée va être consultée, que là est le nerf du débat.

M. le Président. Parlez, je vous en prie.

M. Ameline de la Briselainne. Je vais, malgré moi, rentrer indirectement dans la discussion générale, et je ne voudrais à aucun prix aller à l'encontre de la direction donnée à nos débats par notre honorable Président.

M. le Président. Vous vous méfiez trop de vous, Monsieur!

M. Ameline de la Briselainne. Messieurs, je ne tricherai point (Sourires), — permettez-moi de commencer par cette déclaration de loyauté, — et je ferai tous mes efforts pour ne pas abuser de la latitude que l'honorable Président veut bien m'accorder.

L'orateur qui m'a précédé à cette tribune a parfaitement pu remarquer que les Compagnies de chemins de fer, depuis quelques années, notamment en 1862, avaient créé pour le commerce des avantages considérables, en appliquant ce tarif nouveau, qu'on a appelé le tarif international.

Il y a là un progrès certain.

De son côté, l'orateur qui a parlé auparavant a parfaitement fait voir aussi que les avantages de ces tarifs étaient atténués par beaucoup d'inconvénients, et que, tels qu'ils existaient, les tarifs internationaux étaient véritablement insuffisants.

Comment faire pour créer un genre de tarif international qui réponde au vœu du commerce et qui lui donne satisfaction?

La première résolution qui vous est proposée est celle que je ne crains pas d'appeler la plus décisive et la plus grave; c'est évidemment la tête de chapitre dont toutes les autres découlent naturellement.

Que se passe-t-il, en effet, dans le système de la législation actuelle sur les transports? Lorsque je fais un transport international, lorsque j'envoie un colis d'Anvers à Turin, je m'adresse à la Compagnie belge. Survienne un accident, une avarie, j'ai un procès; et à qui vais-je m'adresser? A la Compagnie belge. Pourquoi? Parce que je n'ai traité qu'avec la Compagnie belge, et que nous qui sommes ici, en grande partie du moins, des jurisconsultes, nous sommes bien obligés de nous rattacher à cette règle de droit, à laquelle, si nous nous en écartions, les tribunaux nous ramèneraient d'ailleurs infailliblement.

Les tribunaux vous disent, en effet : Puisque vous ne vous êtes adressés qu'à la Compagnie belge, vous n'avez action que vis-à-vis d'elle, il n'y a de contrat qu'entre vous et elle.

La Compagnie belge, attaquée, met en jeu la Compagnie qui la suit; celle-ci appelle en garantie la Compagnie suivante, et nous arrivons ainsi, par des actions récursoires, à faire intervenir cinq ou six Compagnies; ce qui fait : 1° que personne ne comprend plus rien au débat (Sourires); 2° qu'on ne sait plus que faire et que décider au point de vue de la compétence, et 3° que les frais absorbent et au delà l'intérêt du procès. (Très bien!)

Voilà bien le point central du débat.

Que propose la résolution qui nous est soumise? Elle propose, en termes que je ne trouve peut-être pas assez catégoriques, de créer ce qu'elle appelle le *contrat direct*.

Voulez-vous me permettre de qualifier d'un mot que je crois plus heureux et en même temps plus juridique, le *desideratum* contenu dans ce premier vœu? J'emprunterai ce mot à une discussion à laquelle l'honorable Président de cette assemblée se livrait il y a quelques jours, dans le sein de la Commission : il disait que ce que nous demandons, c'est de formuler et de faire sanctionner la *solidarité* dans le contrat de transport. Voilà, pour moi, la véritable formule juridique.

Qu'est-ce que la solidarité?

La solidarité, c'est la responsabilité entière, intégrale de quelqu'un, encore qu'il ait à côté de lui un voisin qui puisse partager la même responsabilité.

Il faut établir la solidarité entre les Compagnies successives et collatérales. Il faut que, par la loi, ou, à défaut de la loi, par des conventions internationales et diplomatiques, nous amenions les Compagnies à accepter la solidarité du contrat de transport; si bien que le jour où nous aurons confié à une Compagnie, à Anvers, un voyageur ou une tonne de marchandise à destination de Turin, et que ce voyageur ou cette tonne éprouveront un accident, ou une avarie ou un retard, à quelque point de la distance qui sépare Anvers de Turin, nous ne nous adresserons qu'à notre seule obligée, la Compagnie anversoise; lui laissant la responsabilité totale, à la charge par elle de mettre en cause, s'il lui plaît, qui de droit, mais à ses risques, frais et périls.

Si vous n'arrivez pas à créer cette responsabilité solidaire, qui doit frapper la Compagnie expéditrice et la Compagnie destinataire, et en même temps celle des Compagnies intermédiaires qu'il me plaira de choisir, — mais on conçoit que le réclamant s'adressera presque toujours de préférence à la Compagnie du point de départ ou du point d'arrivée, — si vous n'arrivez pas aux deux bouts de la chaîne, surtout aux deux terminus du réseau, à créer cette responsabilité solidaire, vous n'arriverez à rien. Et, permettez-moi de vous le dire, en empruntant à la législation commerciale une similitude, une analogie qui rendra bien ma pensée, ce qu'il faut, c'est créer pour les transports, en quelque sorte, la lettre de change des opérations commerciales.

Dans la lettre de change, il y a le tireur : ce sera l'expéditeur; — le tiré : ce sera le destinataire; et puis, entre les deux, une série, une cascade d'endosseurs, qui représentent les chaînons des Compagnies intermédiaires. C'est donc bien la lettre de change qu'il faut établir en matière de transports, avec son caractère primordial et juridique entre tous, qui est la solidarité, puisque toutes les personnes qui mettent leur griffe et apposent leur signature sur la lettre de change sont obligées, sans discussion, à charge de recourir contre leurs coobligés ou cautions. (Très bien!)

Que faut-il faire pour en arriver là? C'est ici que, tout en retranchant de mes observations ce qui pourrait s'écarter de la question, je rentre malgré moi dans la discussion générale; mais ce que je vais dire ne peut point se séparer des considérations qui précèdent.

La solidarité, voilà notre *desideratum*, qui est le point culminant de la question, et qui doit aboutir à un résultat utilitaire entre tous.

Comment, encore une fois, y arriver? Il n'y a qu'un moyen. Je ne dis pas qu'il faille tout d'abord avoir recours à la loi. Une loi faite dans les conditions intérieures d'un pays, n'ayant de puissance que dans les limites de ce pays, c'est un peu une lettre morte pour les Compagnies étrangères. Puisque nous voulons créer une solidarité qui ne résulte pas de la nature des choses, il faut que cette solidarité soit le fruit et le résultat d'une convention librement acceptée par les intéressés.

Je ne saurais trop, Messieurs, appeler votre attention sur ce point. Cette solidarité que nous désirons, elle n'est point dans le fond du droit; elle n'est même pas dans l'application de la loi en général, si, à côté de cette loi, il n'y a pas une convention officielle émanée des pouvoirs publics ou un contrat particulier émané des Compagnies de chemins de fer; car, enfin, la Compagnie intermédiaire, ou la Compagnie du point de départ, ou la Compagnie du point d'arrivée viendront vous dire : Que me demandez-vous? Au point de vue de la morale la plus sévère, de la justice la plus minutieuse, je ne réponds que de mes fautes et de mes faits personnels; si vous, qui m'intentez une action judiciaire, vous prouvez que je suis en faute, qu'il y ait un retard qui me soit imputable, oui, vous avez raison d'agir contre moi; mais, si vous ne prouvez pas cette faute personnelle, individuelle, vous n'avez rien à me dire; je suis en dehors des débats, et vous ne pouvez m'atteindre à aucun degré.

Donc, cette solidarité ne résulte ni des principes de droit, ni même des conseils sainement inspirés de la justice; et, dans l'état actuel des choses, ceux qui suivent la jurisprudence de nos tribunaux savent bien que tout procès qui serait intenté sur ces bases serait infailliblement perdu.

Où donc trouverons-nous le principe qui va nous permettre d'agir? Il ne peut résulter que de la solidarité stipulée, il ne peut provenir que d'une convention, il ne peut être le résultat que d'un libre accord entre les intéressés, c'est-à-dire entre les Compagnies; de sorte que vous n'aboutirez absolument à rien si vous ne réunissez pas toutes les Compagnies intéressées autour d'un tapis vert, et si vous ne les amenez pas à discuter elles-mêmes cette question, à s'approprier les dispositions du projet suisse, du projet allemand, de la Convention de Berne, du projet amendé de M. de Seigneux, y faisant telles modifications qu'elles jugeront à propos, mais acceptant librement ce contrat. C'est cet accord, c'est cette convention qui, vous le voyez, ont un caractère moitié civil et moitié diplomatique, qui seuls peuvent nous permettre d'arriver à un résultat pratique.

Aujourd'hui, nous avons, par exemple, en matière de douanes, le tarif général; c'est la loi, c'est le droit commun. Mais à côté de ce tarif général, qui était le grand tarif il y a quelques années, il y a un tarif conventionnel qui est né des circonstances, qui s'inspire des besoins de l'époque, qui est le reflet des volontés de tous les intéressés. C'est ce tarif conventionnel qui devient la loi.

Eh bien! ce qu'il faut faire en matière de chemins de fer, c'est ce tarif conventionnel, c'est la Convention de Berne définitive, pour le vote desquels les États seront diplomatiquement représentés, les représentants des Compagnies devant être également appelés. Des délibérations de ce Congrès sortira une Convention qui, comme toutes les conventions de commerce, de postes ou de télégraphes, sera sanctionnée par les divers Parlements ou par les différents pouvoirs publics, suivant les législations. Vous aurez ainsi une Convention définitive, qui vous permettra de réaliser le contrat du transport direct et solidaire. C'est la plus grave et la plus importante des résolutions que vous puissiez voter. (Très bien! très bien! — Applaudissements.)

M. Esnard. Messieurs, je prends la parole pour soutenir le premier article proposé par la Commission.

L'honorable orateur qui descend de cette tribune, si j'ai bien compris son argumentation, vous a dit ceci en substance: Pour obliger les Compagnies de chemins de fer, nous ne le pouvons pas; pour établir une Convention de Berne ou autre, nous n'en avons pas le pouvoir. Ce qu'il faut, c'est appeler les Compagnies, qui sont les véritables intéressés; on leur donnera quelques conseils; les États seront représentés, les Compagnies le seront aussi, et, s'il convient aux Compagnies, alors on fera une Convention internationale ; si cela ne leur convient pas, il n'y en aura pas, car vous êtes sans force pour les y contraindre.

M. Ameline de la Briselainne. Ce n'est pas cela que j'ai dit. Personne n'a pu s'y méprendre.

M. Esnard. Si vous voulez être assez bon pour rectifier ce qu'il y a d'inexact dans mon résumé, j'en serai très heureux ; je ne voudrais pas discuter dans le vide.

Ma théorie est absolument contraire. Je viens soutenir l'article 1er, et par la raison que voici : Lorsqu'une Compagnie de chemin de fer s'établit, comment se constitue-t-elle? Elle se constitue avec les capitaux de tous. Comment a-t-elle les capitaux de tous? Parce qu'on lui donne une personnalité civile. Comment crée-t-elle sa voie? Par l'expropriation, parce qu'on lui délègue une partie de la puissance de l'État, de la puissance de tous.

Ainsi donc, et il serait bon d'en faire la définition, une Compagnie de chemin de fer n'est pas le moins du monde un agent de transport libre; c'est un agent de transport qui s'est constitué à l'aide de l'État, parce que l'État, la collectivité s'est crue intéressée à ce que cette Compagnie de chemin de fer fût créée, et lui a abandonné la plus précieuse de ses prérogatives, en lui permettant d'attirer les capitaux et de s'emparer, au moyen de l'expropriation, des terrains dont elle a besoin pour établir sa ligne.

Par conséquent, en tout état de cause, la collectivité doit avoir la main sur la Compagnie, et si les deux intérêts sont en lutte, il n'y a pas à hésiter ; il faut que la Compagnie cède devant l'intérêt national. Voilà, pour moi, le principe abolu.

Alors donc, il n'est pas vrai de venir dire que si les Compagnies de chemins de fer ne veulent pas ou ne peuvent pas s'entendre pour établir des tarifs internationaux, on n'a pas le droit de les y obliger; il faut les y obliger. Du reste, nous n'avons pas à nous préoccuper de cette question.

Les Compagnies de chemins de fer font des tarifs internationaux; seulement, elles les font comme elles font toutes choses, avec l'âpreté au gain qui les distingue, de façon à bénéficier du public le plus largement possible; au risque, lorsque leur intérêt privé est en jeu, de ruiner un pays tout entier.

Même avec les tarifs internationaux, même avec les tarifs de transit, qui sont des tarifs internationaux plus prolongés, et intéressant deux, trois, quatre États, il arrive que les pays traversés par le transit à qui ils prêtent leurs rails, leurs capitaux, leurs wagons, leur personnel, sont complètement ruinés au profit de telle ou telle Compagnie, ou de telle ou telle autre contrée.

C'est cette situation que nous ne pouvons pas laisser subsister. Est-ce qu'à chaque instant nous n'entendons pas les plaintes ? J'en ai mon dossier rempli, et, à toute heure, M. le Président de la Société internationale des transports en reçoit.

Je vois ici des gens absolument compétents en matière de taxes ; pour ceux qui ne le sont pas, je citerai des exemples, — permettez-moi ce mot qui semble exagéré, — des exemples qui font frémir.

Expédiée de Cadix à Paris, une tonne d'oranges coûtera 100 francs, prix ferme, sans manutention au départ ni à l'arrivée ; la même tonne, expédiée de Bayonne à Paris, la distance est trois fois moindre, coûtera 108 fr. 50 cent. Comment fera donc le producteur d'oranges de Bayonne, puisque sa marchandise arrivera sur le marché de Paris frappée de 8 fr. 50 cent. de plus que celle expédiée de Cadix ? Lorsque l'on se sert de nos chemins de fer et que l'on vient jeter des marchandises sur notre marché, alors que ces marchandises ne sont pas frappées d'un droit au moins égal à celui que supportent les denrées qui ont fait un parcours trois fois moindre, est-ce que vous croyez que chacun de nous n'a pas le droit de se plaindre et que la collectivité n'est pas intéressée à intervenir ?

Dans ces conditions, il n'est pas juste de dire que les Compagnies feront des conventions ou qu'elles n'en feront pas ; il faudra qu'elles en fassent, et qu'elles abandonnent leurs tarifs internationaux. J'ai besoin d'expliquer nettement la différence qu'il y a entre les tarifs généraux et les tarifs spéciaux.

Chaque fois qu'une Compagnie de chemin de fer fait un tarif nouveau, elle n'augmente pas son prix, elle est contenue par le cahier des charges ; aussi, lorsqu'on veut s'occuper de leurs affaires, les Compagnies disent toujours : Vous n'avez pas à intervenir, nous ne dépassons pas le maximum du cahier des charges !

Aussi, ce que la Commission s'est proposé, ce n'est pas d'intervenir pour forcer les Compagnies à consentir des réductions. Non, Messieurs ; nous demandons seulement qu'il y ait une Commission ou un Congrès international, donnez-lui le nom qu'il vous plaira, pour surveiller, non pas les élévations de taxes en matière de transports, mais les diminutions, parce qu'il est bien certain que la diminution qui est consentie à l'un équivaut à une augmentation pour l'autre. Si des oranges partant de Bayonne arrivent à Paris en payant 8 fr. 50 cent. de plus que celles qui viennent de Cadix, la Compagnie pourra bien dire qu'elle a abaissé son tarif, mais le négociant de Bayonne trouvera, par comparaison, que le tarif a été élevé pour lui d'une façon ruineuse.

C'est cette situation qu'il faut modifier.

On a concédé follement aux Compagnies le droit de faire des tarifs internationaux, des tarifs de transit, sans homologation. L'homologation n'est qu'une formalité, et il est admis que, lorsque les Compagnies restent dans les limites du cahier des charges, elles ont le droit de faire les concessions que bon leur semble.

Lorsque les faits de la nature de ceux que j'ai signalés prennent des proportions considérables et s'étendent sur tout le réseau européen, il importe d'aviser. Il faut donc qu'un Congrès international soit réuni et ait le droit d'homologuer des tarifs internationaux. Et si les Compagnies ne trouvent pas que les tarifs homologués soient suffisamment rémunérateurs, elles laisseront de côté leurs tarifs spéciaux, et alors on voyagera au prix du tarif général, comme on le fait maintenant la plupart du temps, c'est-à-dire avec des ruptures de charges.

Quant à leur permettre de ruiner des pays et d'engraisser des administrateurs qui font tel ou tel coup de commerce et emmagasinent des millions de marchandises. . .

M. le Président. Permettez! vous attaquez des absents; je vous engage à être modéré!

M. Esnard. Nous ne pouvons pas permettre qu'une pareille situation se prolonge.

Je trouve par conséquent très juste le vœu qui nous est proposé, et je n'admets pas qu'il soit permis aux Compagnies d'y résister. Je vais plus loin. Dans ces tarifs internationaux, il y a une question qui touche à toute l'organisation. Si nous nous étions demandé, au début de ce Congrès, ce que c'est qu'une Compagnie de chemin de fer, il y aurait eu une définition intéressante à donner. La Compagnie de chemin de fer est-elle un agent de transports qui a le droit de transporter partout? Pour moi, je ne le crois pas; la Compagnie de chemin de fer, à mon sens, est un agent de transports qui a le droit et le devoir de transporter sur ses rails; toute autre opération qu'elle fera ne rentre pas dans ses attributions.

Mais est-ce que, aujourd'hui, les Compagnies de chemins de fer ne sont pas autre chose que des agents de transports? J'en connais qui sont camionneurs, facteurs, entrepreneurs d'omnibus, entrepreneurs de voitures. . .

M. le Président. Permettez-moi de vous arrêter. Nos moments sont mesurés, et je vous prie de vouloir bien conclure. Vous proposez, je crois, d'adopter le vœu tel qu'il est formulé par la Commission?

Mon interruption est peut-être un peu brusque, Monsieur; vous dites d'excellentes choses, que nous pensons tous, que nous avons tous dans l'esprit; nous les répétons tous les jours; mais il faut que nous en finissions avec le programme d'aujourd'hui.

M. Esnard. Voulez-vous me permettre de dire un seul mot, Monsieur le Président? Vous me faites une observation très juste; mais, si vous m'accordez la parole une minute, vous allez voir qu'elle n'est pas absolument fondée.

M. le Président. Si je n'ai fait que soulever une nouvelle discussion, j'ai bien du malheur.

M. Esnard. Une minute, Monsieur le Président.

M. le Président. Oh! je vous en donne cinq!

M. Esnard. Il n'en faut qu'une.

M. le Président me fait remarquer que j'attaque des absents et que je m'écarte du point en discussion. Il a un peu raison, et il aurait raison tout à fait, si les Compagnies de chemins de fer étaient seulement des agents de transports. Je vais tout de suite lui prouver le contraire; je n'attaque pas des absents, des agents de transports, mais aussi et surtout des commerçants; en réalité, les Compagnies sont des commerçants. Tenez! voici le prospectus d'une Compagnie; je ne la nommerai pas. Vous allez voir, Monsieur le Président, que je peux parler des Compagnies, parce que vraiment elles sont aussi des commerçants. Pourquoi sont-elles absentes d'ailleurs?

COMPAGNIE DE. . . . .

BULLETIN COMMERCIAL.

PRIX COURANT DES MARCHANDISES EN PROVENANCE DE. . . . .

NATURE DES MARCHANDISES.	UNITÉ DE VENTE.	PRIX DE VENTE SUR PLACE.	PRIX DE TRANSPORT JUSQU'À ....
Asphalte.................	100 kil.	....	....
Alcool à 35°............	hectolitre.	50 à 53f	76f 30c
Alcool à 30°............	hectolitre.	45 à 46	76 30
Anis vert..................	100 kil.	90 à 105	76 30
Bœuf 1re qualité...........	la tête.	350 à 375	160 55
Chiffons.................	....	....	....

et ainsi de suite en suivant l'ordre alphabétique.

Voilà les prospectus qu'envoie la Compagnie dont je parle, qui vend ces choses rendues à domicile. Eh bien! je dis qu'il est tout naturel que, si une Compagnie joue ainsi un double rôle, d'abord celui d'agent de transports, ensuite celui de commerçant en bœufs et en anis, elle désire favoriser son négoce; et il lui sera bien facile de faire des tarifs pour le faciliter. Voilà ce que je ne veux pas, et le premier vœu que j'émets, c'est que les Compagnies ne vendent plus quoi que ce soit, et qu'elles se bornent à faire des transports. (Applaudissements.)

M. le Président. Je mets aux voix le **Premier vœu**, dont je donne lecture :

Il convient d'obliger les chemins de fer à transporter les voyageurs et les bagages par service direct, avec un seul billet ou une seule lettre de voiture sur le réseau des chemins de fer des États contractants.

(Le vote a lieu. — Le premier vœu est adopté.)

M. le Président. Je constate que le Congrès a admis cette résolution à l'unanimité.

Je mets aux voix le **Deuxième vœu**, ainsi conçu :

Les Compagnies seront obligées de diriger d'office les voyageurs et les marchandises par la voie la plus économique, à moins de demande contraire.

Je crois que ce vœu n'a pas besoin d'être développé; je le mets immédiatement aux voix.

(Le vote a lieu. — Le deuxième vœu est adopté.)

M. le Président. **Troisième vœu :**

Le porteur du duplicata de la lettre de voiture aura seul le droit de disposer de la marchandise en cours de transport.

J'ajoute : *et à destination*, bien entendu.

Ici je n'irai pas aussi vite que tout à l'heure, parce qu'il peut y avoir des opinions contraires.

Je donnerai la parole à ceux qui la demanderont pour combattre la rédaction de ce vœu.

Personne ne demande la parole? Je mets aux voix le troisième vœu.

(Le vote a lieu. — Le troisième vœu est adopté.)

M. le Président. **Quatrième vœu :**

L'expéditeur aura le droit d'intenter l'action contre la Compagnie expéditrice ou contre la Compagnie destinataire, à son choix.

Toutes les explications désirables ont été données par M. le Rapporteur. Je mets en conséquence la proposition aux voix.

(Le vote a lieu. — Le quatrième vœu est adopté.)

M. le Président. **Cinquième vœu :**

Le tribunal compétent sera celui du défendeur assigné, suivant la loi et la jurisprudence de son pays.

La parole est à M. Esnard.

M. Esnard. Je demande pardon au Congrès de venir une seconde fois à la tribune. Je serai du reste très bref. Mais je remarque, dans le cinquième vœu qui est soumis à votre appréciation, Messieurs, une anomalie que je voudrais constater. Je ne trouve pas très bonne la rédaction de ce cinquième vœu, qui est ainsi conçue : «Le tribunal compétent sera celui du défendeur assigné,» — jusque-là je ne fais aucune espèce de critique, — «suivant la loi et la jurisprudence de son pays.» Ici je formule une critique. Comment, nous nous réunissons, nous formons un Congrès international, et, dans ce Congrès international, nous créons une 4e section, qui est intitulée : *Législation internationale*, et, pour arriver à la législation internationale, tout ce que nous trouverions de mieux serait de dire qu'on appliquera la loi de chaque pays! Voyons! ce n'est pas de la législation internationale, cela! A mon avis, il faut charger, soit un Congrès subséquent, soit une Commission du Congrès actuel, qui lui survivra à lui-même, de compiler les lois des différents États et de les mettre en corrélation. Alors on aura une législation internationale. Ainsi, quand il y a un tarif international, ce tarif porte des clauses qui sont inscrites dans toutes les législations, et qui sont les mêmes pour tous les pays. Ainsi, quand vous faites un envoi de France en Espagne, par exemple, il y a des clauses dans les tarifs spéciaux qui diminuent (et tout le monde le sait) la responsabilité, et qui, dans certains cas, dispensent de l'emploi de l'agent des douanes; c'est alors la Compagnie elle-même qui se fait agent des douanes; toutes ces clauses sont répétées en langue française et en langue espagnole, et, en général, dans les langues de tous les pays parcourus par la marchandise soumise au tarif international. Eh bien! il faut qu'il en soit de même pour la législation.

Je rappellerai ici la Conférence de Berne, qui est une œuvre considérable, remarquable à ce point de vue, qu'elle surgit de toutes pièces et arrive à faire une législation. J'aurais bien des critiques à faire, si le projet de cette Conférence était en discussion ici. Mais elle a fait surgir une grande œuvre, éveillé un grand esprit : l'unification. Il faudrait puiser dans les actes de la Conférence de Berne, et dans tous les autres documents qu'on jugera convenable; mais j'insiste sur cette demande, qu'il soit nommé une Commission chargée de préparer les bases générales d'un projet de législation internationale. Autrement, voyez ce qui arrive : on en citait tout à l'heure des exemples très frappants; on rappelait qu'une marchandise expédiée d'un pays quelconque, la Russie, si vous voulez, voyage aux conditions des tarifs et de la législation russes, pendant tout le temps qu'elle circule sur les lignes de ce pays; quand elle arrive en Allemagne, elle est soumise à la législation et aux conditions allemandes; s'il se produit un accident, une avarie, un changement en cours de route, tous les incidents de cette nature seront jugés d'après la loi allemande. Enfin, quand la marchandise parvient en France, la voilà soumise à la législation française; si bien qu'à ce propos on pourrait rappeler le mot de Voltaire, qui disait, il y a cent ans de cela : « Chaque fois qu'on change de postillon et de chevaux, on change de législation. » Maintenant, chaque fois qu'on change de Compagnie, en France même, on change de législation.

Nous avons pour but d'innover; nous nous réunissons exprès pour cela; nous ne pouvons pas laisser subsister ce principe, que les contestations seront réglées, soit au départ, soit à l'arrivée, par la législation de chaque pays. Le but du Congrès est précisément de changer cela. Je demande par conséquent, c'est un vœu général que je vais formuler, qu'il soit nommé une Commission chargée de mettre les résolutions, votées par nous, en harmonie avec les législations des divers États; en se basant soit sur les principes de la Conférence de Berne, soit sur tous autres, cette Commission pourra s'inspirer suffisamment des vœux du Congrès.

M. le Président. Par qui serait nommée cette Commission?

M. Esnard. Par le Congrès.

M. le Président. Le Congrès aura cessé d'exister samedi; son terme est fixé d'avance; il ne pourra nommer une Commission qui lui survive, ni lui déléguer aucun pouvoir, puisque lui-même n'existera plus.

M. Esnard. Il va être fait un compte rendu des travaux du Congrès. La Commission que je propose, et qui sera chargée de constituer le projet de législation internationale, tiendra compte des vœux que nous aurons émis.

Aujourd'hui même, si l'assemblée le décide, la rédaction du vœu en discussion peut être modifiée dans le sens que j'indique.

M. le Président. Je vous prie de vouloir bien donner, par un amendement, le texte de la modification que vous proposez. Je la mettrai aux voix immédiatement. Mais je ne puis pas admettre qu'on nommera une Commission qui ne pourra pas nous rapporter les conclusions de ses travaux.

M. Esnard. Je demanderai alors que la modification suivante soit apportée au vœu actuellement en discussion :

Le tribunal compétent sera celui du défendeur assigné, suivant la loi qui sera faite par une Commission internationale.

M. le Président. La parole est à M. de Seigneux, rapporteur.

M. de Seigneux, *rapporteur*. Je désire expliquer en quelques mots pourquoi, dans la Convention de Berne, cette question a été laissée à résoudre à la législation de chaque pays. Le mot «domicile» est compris, dans la législation allemande, dans un sens tout différent de celui qu'il a dans la législation française. D'après la législation et la jurisprudence françaises, le domicile est le principal établissement, et l'on fait une distinction entre le domicile, la résidence, et même le simple établissement; aucune de ces distinctions n'existe dans la législation et la jurisprudence allemandes; on n'y considère pas le domicile comme étant attributif de juridiction. Il était donc excessivement difficile, dans la Conférence de Berne et dans la Convention qui en est sortie, de s'entendre sur cette question de domicile, et sur celle de savoir quel serait le tribunal compétent. On a donc préféré, et cela pour éviter des difficultés sans nombre, laisser à la législation de chaque pays dans lequel l'action serait introduite, le soin de déterminer la compétence des tribunaux, de manière à ne pas avoir une loi commune dont l'application serait devenue impossible. Vous pouvez voir, dans le projet de Convention, que l'on a indiqué que le demandeur assignerait la Compagnie de chemin de fer, soit au domicile social, soit au domicile élu; et, par cette expression de domicile élu, on a eu justement en vue d'arriver à la prise en considération du vœu des délégués italiens et français, qui disaient : Nous ne pouvons pas admettre que l'expéditeur des marchandises soit obligé d'actionner la Compagnie Paris-Lyon-Méditerranée, par exemple, à Paris, où est son domicile social. Nous voulons qu'on ait le droit de l'actionner dans toutes les gares, où elle a son principal établissement. Eh bien ! on a assimilé le domicile élu à ce que la jurisprudence française entend aujourd'hui par le principal établissement. Ce n'est pas seulement le domicile social de la Compagnie, mais toutes les gares qui en dépendent, qui ont une certaine importance et dans lesquelles le trafic se fait d'une manière qui permet réellement de considérer ces gares comme étant un domicile élu. Voilà l'explication générale des raisons pour lesquelles, dans la Conférence de Berne et dans la Convention que vous avez sous les yeux, on n'a pas créé de règle générale.

Il ne faut pas s'y tromper, Messieurs, les conventions internationales ne peuvent pas avoir la prétention de faire appliquer des règles, des lois générales. Certains termes, en usage dans certains pays, ne peuvent pas être appliqués exactement dans d'autres; ils peuvent avoir en France une tout autre portée qu'en Allemagne, en Italie ou en Suisse. Voilà pour quels motifs nous n'avons pas voulu trancher la question, et je crois que nous avons bien fait de laisser à la législation de chaque pays la possibilité de déterminer quel sera le tribunal compétent.

M. le Président. M. Esnard propose une modification au projet de vœu préparé par votre Commission, et qui est ainsi conçue : «Le tribunal compétent sera celui du défendeur assigné, suivant la loi et la jurisprudence de chaque pays.» A ces mots : «suivant la loi, etc.», M. Esnard propose de substituer ceux-ci : «Suivant la loi internationale à intervenir.» Vous comprenez bien, Messieurs, la différence entre les deux textes; celui que propose M. Esnard n'est pas une solution, c'est un renvoi à un plus ample informé. Je vais mettre aux voix l'amendement.

M. Ameline de la Briselainne. Et si l'on retranchait tout l'article? Car je ne saisis pas bien ce qu'il en reste. Le tribunal compétent sera celui du défendeur assigné, suivant la loi de tous les pays; eh bien! c'est ce qui a déjà lieu partout. Si l'on ne mettait rien, selon moi, ce serait absolument la même chose. (Marques d'adhésion.)

M. Cuinet. Je demande la parole.

M. le Président. La parole est à M. Cuinet.

M. Cuinet. Je voudrais seulement donner quelques explications au Congrès, à propos de cette question de compétence. En ce moment, notre but est de faire quelque chose de nouveau, et il est très désirable que nous y arrivions; seulement, je crois qu'il ne faut pas trop demander. Or, l'amendement de M. Esnard me paraît tomber dans une exagération un peu forte; ce qu'il propose sera peut-être la législation de l'avenir; je ne crois pas que ce puisse être celle du présent.

Ainsi que le disait tout à l'heure mon honorable ami M. de Seigneux, nous serions unanimes à désirer — c'est une utopie qui se réalisera peut-être un jour — que la législation commerciale fût uniforme. Eh bien! nous n'en sommes pas encore là. En matière de compétence et de droit international, nous avons des précédents; nous avons les conventions de 1860 avec l'Italie, de 1848 avec le grand-duché de Bade, — cette dernière étendue à l'Alsace-Lorraine par le traité de 1871, — pour l'exécution des jugements. Or, qu'est-il dit dans ces conventions diplomatiques, qui me paraissent constituer, en matière de droit international, ce que j'appellerai la législation positive? Il y est dit que les jugements rendus en France seront exécutoires en France et dans le grand-duché de Bade, lorsqu'ils auront été rendus par le tribunal compétent, suivant la loi française, parce qu'il s'agit là d'actes émanés de la souveraineté française. De même, en France, nous exécutons tous les jours des jugements des tribunaux italiens, lorsqu'ils ont été rendus par les juges compétents d'après la loi italienne. Mais il n'est nullement intervenu, entre l'Italie et la France, une sorte de législation internationale qui fixerait les règles de la compétence. C'eût été aller trop loin. On ne serait pas tombé diplomatiquement d'accord sur ce point, et, alors, réservant à l'avenir ce progrès, on s'est tenu à quelque chose de pratique, savoir : que la compétence serait réglée par la loi de chacun des pays contractants.

Je crois que la disposition proposée par votre Commission est infiniment sage, parce qu'elle est conforme aux règles internationales, qui, jusqu'à présent, ont été posées dans les conventions diplomatiques.

M. Esnard. Permettez-moi quelques mots de réponse. On m'oppose la façon dont sont rendus exécutoires les jugements d'un pays dans l'autre. Cela ne présente aucune espèce de rapport avec ma proposition ; il ne s'agit pas ici d'aller exécuter un jugement à l'étranger, il s'agit de régler les transports internationaux; ce qui est tout à fait différent. Dans le premier cas, il s'agit d'un titre d'intérêt privé, d'un jugement rendu entre deux parties en faveur de l'une d'elles, et qu'elle veut faire exécuter à l'étranger. La mission de notre Congrès est beaucoup plus haute. Nous avons à régler les conditions d'un contrat international. Tout le commencement de la séance a été consacré à l'explication de la situation actuelle des transports internationaux; et je m'étonne que l'on puisse faire une opposition quelconque au principe que je défends. On a exposé au Congrès, éloquemment et intelligemment, que, lorsqu'une marchandise avait à traverser plusieurs pays, elle se trouvait successivement soumise à des règles différentes, et que, lorsqu'il y avait procès, la difficulté venait de ce qu'on ne savait quelle règle appliquer. On disait, d'une part, que l'on devrait appliquer celle du pays dans lequel la marchandise est reçue, puisque nous sommes dans ce pays ; d'autre part, que l'on ne peut appliquer d'autre règle que celle sous laquelle est né le contrat de transport. Il en résulte qu'aujourd'hui, quand vous avez un procès de ce genre, il vous est impossible de savoir comment il sera jugé; tantôt le tribunal applique la loi d'un pays, tantôt il applique celle d'un autre. Or, qu'est-ce que la compétence? C'est le pouvoir, pour le juge, de juger. Cela n'a aucune sorte de rapport avec la loi à appliquer. Le tribunal compétent sera toujours celui du lieu d'arrivée; mais quelle règle appliquera-t-il? Voilà la question. Eh bien ! quand on fera une Convention internationale, — pour le moment il n'y en a pas, rien n'est donc engagé, — nous émettons le vœu que la Conférence internationale qui se réunira, pour réaliser nos *desiderata*, fasse une loi uniformément applicable dans tous les pays.

M. Delboy, *rapporteur*. Permettez-moi de faire disparaître un malentendu, qui est, je crois, la cause de toute cette discussion.

L'honorable M. Esnard ne semble pas avoir compris l'expression que nous avons employée dans le sens que nous lui avons donné. Il est d'accord avec nous sur ce point que, pour la compétence, on doit s'en rapporter à la loi du pays? Alors il n'y a plus rien à discuter. Quand nous avons dit : La compétence sera réglée suivant la législation de chaque pays, nous n'avons, en effet, entendu dire que ceci : C'est la loi de chaque pays qui dira que tel juge est compétent pour juger, et non pas tel autre.

M. Esnard. Alors, nous sommes parfaitement d'accord.

M. Delboy, *rapporteur*. Nous n'avons pas voulu dire que ce juge jugerait selon la loi de son pays. Cela se comprend, puisque nous projetons une Convention de législation internationale. J'ai eu soin déjà de vous dire qu'il y avait six séries de problèmes qui se posaient, et que, pour notre compte, nous vous apportions neuf résolutions, laissant à la Conférence internationale qui se réunira un jour, à l'exemple de celle de Berne, le soin de fixer les autres points importants, de telle sorte que, dans quelque pays que ce soit, le juge sera obligé d'appliquer la règle supérieure fixée par la Convention des États contractants. En résumé, la compétence sera réglée par la loi particulière de chaque pays, mais le juge appliquera la loi édictée par la Convention internationale.

M. le Président. Je vais mettre aux voix l'amendement proposé par M. Esnard.

M. Esnard. Pour donner satisfaction à M. Delboy, on pourrait rédiger ainsi :

Le tribunal compétent sera celui du défendeur assigné, et il jugera suivant la loi internationale qui interviendra.

M. le Président. Je mets aux voix l'amendement avec cette variante.

(Le vote a lieu. — L'amendement n'est pas adopté.)

M. le Président. Je mets aux voix le texte du cinquième vœu, tel qu'il est proposé par la Commission.

Le tribunal compétent sera celui du défendeur assigné, suivant la loi et la jurisprudence de son pays.

(Le vote a lieu. — Le cinquième vœu est adopté.)

M. le Président. **Sixième vœu** :

Pour aucun motif, la responsabilité des chemins de fer ne peut être atténuée.

Il est besoin, Messieurs, de vous donner quelques explications sur cet article; il est d'un tel laconisme, que vous pourriez fort bien ne pas comprendre ce que la Commission a eu en vue. Vous savez tous que les Compagnies de chemins de fer, les Compagnies étrangères surtout, — je ne parle pas des Compagnies françaises, — font des traités clandestins avec certains expéditeurs, et que, pour masquer ces traités et pour leur donner un motif, elles font renoncer les expéditeurs à certains avantages, tels que les délais ou le chargement sur wagons couverts, etc. Mais toutes ces concessions sont faites exclusivement pour favoriser certains expéditeurs.

La Commision a pensé que, pour faire une législation internationale, la première de toutes les règles de droit, en fait de commerce, d'industrie ou de politique, était l'égalité. Nous avons donc voulu, par les termes dont nous nous sommes servis, supposer et ordonner que toutes les Compagnies traiteraient également tous les expéditeurs. Voilà pourquoi nous avons formulé ce sixième vœu : que, pour aucun motif, la responsabilité des Compagnies ne pût être atténuée.

La parole est à M. de Seigneux.

M. de Seigneux. Messieurs, je viens proposer un amendement. Il me semble difficile que le Congrès accepte la proposition faite par la Commission, dans la forme où elle lui est présentée. Il y est dit que, pour aucun motif quelconque, la responsabilité des Compagnies ne peut être atténuée. Il y a pourtant des motifs d'atténuation, qui sont de droit commun et qui sont admis dans tous les pays; ce sont, par exemple : la force majeure (c'est évident!), le vice propre de la chose, le fait de l'expéditeur ou du destinataire; ce sont là des exceptions de droit commun, contre lesquelles on ne peut lutter. Ce que l'on peut inscrire dans cet article, c'est que la restriction de responsabilité ne peut pas résulter des conditions spéciales d'expédition et de transport. A cet égard, je crois que nous serons tous du même avis. Il faut admettre que les chemins de fer sont soumis au droit commun, mais il ne faut pas dire que pour aucun motif ils ne peuvent être déchargés de leur responsabilité. Cela ne se comprendrait absolument pas. Voici donc la rédaction que je propose :

En matière de transports, la responsabilité des chemins de fer doit être celle du droit commun, sans restriction de responsabilité. (Très bien!)

M. le Président. Je mets aux voix l'amendement de M. de Seigneux, et je déclare que la Commission s'y rallie.

A la demande de plusieurs membres du Congrès, M. de Seigneux donne de nouveau lecture du texte de son amendement.

M. Joly-Gauthier. J'ai une simple observation à faire : pour plus de clarté, je voudrais demander si la restriction ne pourrait pas être conventionnelle? (Protestation.)

M. Esnard. Vous supprimez les tarifs spéciaux! Vous supprimez tout!

M. le Président. Il me semble que l'amendement doit être adopté; j'en retrancherais seulement les derniers mots qui me paraissent ne pas porter. Est-ce que les Compagnies de chemins de fer ne peuvent pas, à l'aide de combinaisons antérieurement publiées, restreindre leur responsabilité, la diminuer, en se recommandant du droit commun? Dès lors, l'amendement de M. de Seigneux est absolument suffisant avec le premier membre de phrase, sans la fin, qui me paraît inutile. Voici comment je le formulerais :

En matière de transports, la responsabilité des Compagnies de chemins de fer doit être absolument celle du droit commun.

(Ce vœu, ainsi modifié, est mis aux voix et adopté.)

M. le Président. Voici le texte du **Septième vœu** :

L'indemnité sera calculée en raison de la valeur commerciale de l'objet perdu ou avarié et suivant le préjudice causé.

Quelqu'un demande-t-il la parole? Je mets aux voix ce septième vœu.

(Le vote a lieu. — Le septième vœu est adopté.)

M. LE PRÉSIDENT. Le **Huitième vœu** est ainsi conçu :

Même après réception des objets transportés et payement du prix, le destinataire aura le droit d'intenter l'action, en cas d'avaries non apparentes, pourvu que la constatation des avaries ait été judiciairement faite dans les dix jours qui suivent la réception.

La parole est à M. Delboy, rapporteur.

M. DELBOY, *rapporteur.* Messieurs, je tiens à attirer votre attention sur ce point extrêmement grave et important. Cette résolution est empruntée à la Convention de Berne; elle intéresse le commerce et l'industrie tout entiers.

Vous savez tous que, lorsqu'il s'agit d'avaries non apparentes, les chemins de fer excipent, d'une manière générale, de l'article 105 du Code de commerce, qui déclare que le payement de la lettre de voiture et la réception des objets transportés éteignent toute action. Il en résulte que, comme la vérification des marchandises, en ce qui concerne les avaries non apparentes, est impossible à la gare d'arrivée la plupart du temps, lorsqu'un négociant déballe ses marchandises dans son magasin et qu'il découvre des avaries non apparentes, il lui est impossible de réclamer. Cependant les avaries non apparentes proviennent le plus souvent du fait et de la faute du chemin de fer; ce sont presque toujours des avaries de *mouille*, pour ne rien dire des coups de tampon dus à la négligence des employés, enfin des causes diverses qui peuvent donner lieu à des avaries intérieures; or, ces dernières ne peuvent être recherchées à la gare. Le projet formulé dans la Convention de Berne a admis un principe; je dois vous dire qu'il est admis également dans la législation allemande et dans la législation suisse, et qu'il constitue le projet d'un article nouveau du Code de commerce d'Italie, article qui sera présenté très prochainement aux Chambres italiennes. Je crois donc que tout le commerce français doit se ranger à cette innovation, dont le but est de demander, ce qui est parfaitement juste, que tout chemin de fer soit responsable des fautes qu'il a commises, alors même qu'elles ne sont pas apparentes; à la condition cependant que les avaries soient reconnues provenir du fait ou de la faute du chemin de fer. On ne peut admettre *a priori* que, du moment qu'il y a des avaries non apparentes, ce soit le chemin de fer qui en soit responsable. Il faut que le destinataire établisse deux choses : 1° que l'avarie est le fait du chemin de fer; 2° qu'elle a été causée par le transporteur. Mais sous ces deux réserves, l'idée du vœu de la Commission, tel qu'il résulte de la Convention de Berne, est parfaitement acceptable.

Quant au délai, la Convention de Berne a admis dix jours, et nous croyons que ce délai est entièrement suffisant. Je ferai remarquer que le délai, dans la législation suisse ainsi que dans la législation allemande, est de trente jours; mais il n'a pas été admis, parce qu'il serait véritablement exorbitant. On ne peut laisser longtemps les chemins de fer sous le poids d'une responsabilité pareille; et il y a intérêt, même pour le destinataire, à examiner immédiatement ses marchandises et à provoquer les constatations nécessaires pour que la responsabilité des chemins de fer puisse être déclarée.

M. le Président. Je mets aux voix le huitième vœu :

Même après réception des objets transportés et payement du prix, le destinataire aura le droit d'intenter l'action, en cas d'avaries non apparentes, pourvu que la constatation des avaries ait été judiciairement faite dans les dix jours qui suivent la réception.

(Le vote a lieu. — Le huitième vœu est adopté.)

M. le Président. J'arrive au **Neuvième et dernier vœu :**

Les Compagnies seront tenues à restituer d'office les perceptions indues provenant d'erreurs de tarification ou d'allongement de parcours onéreux. La répétition de l'indû par l'ayant droit pourra être exercée suivant le droit commun.

M. Esnard a la parole.

M. Esnard. Messieurs, l'article qui nous est soumis a pour but de mettre un terme aux moyens employés par les Compagnies pour percevoir des sommes qui ne leur sont pas dues en vertu des tarifs. Je suis absolument partisan de cette disposition et de l'esprit dans lequel elle est présentée; mais je n'approuve pas complètement sa rédaction. Je trouve qu'elle fait une énonciation de deux cas; eh bien! selon moi, toutes les erreurs de taxe, de quelque nature qu'elles soient, quelle qu'en soit la provenance, que ce soient des erreurs de tarification ou de prolongement de parcours, de mauvaise classification ou de fausse direction, de quelque nature qu'elles soient, je le répète, sont toujours des erreurs, et il faut qu'on puisse se faire restituer les payements auxquelles elles ont donné lieu. Par conséquent, je crois dangereux d'introduire, dans la rédaction de l'article, une énonciation qui pourrait être considérée comme limitative et rendre difficile la restitution des autres taxes indûment perçues.

M. Gatineau. L'orateur a raison; il faudrait retrancher le membre de phrase : «provenant d'erreurs de tarification ou d'allongement de parcours onéreux.»

M. Esnard. On pourrait se contenter de mettre : «toutes les taxes indûment perçues.»

Je n'ajoute plus qu'un mot : quant à ce qui concerne les Compagnies qui sont chargées d'informer le destinataire et obligées de lui restituer directement, cette obligation est édictée dans les codes de certaines nations de l'Europe, et dès lors il existe une législation sur la matière qui impose aux Compagnies ce qu'on impose, par exemple, en matière d'objets perdus. C'est-à-dire que, lorsqu'une surtaxe a été perçue illégitimement, la Compagnie, pour pouvoir se l'approprier, doit l'avoir fait publier dans les journaux, comme on y publie les successions vacantes et les objets trouvés. Quand, à la suite de cette publication, il s'est écoulé un an sans réclamation, l'argent devient la propriété des Compagnies. Je crois qu'il faudrait ajouter quelques mots dans ce sens pour rendre obligatoire une certaine publicité. Si l'on n'impose pas une obligation expresse aux Compagnies, elles ne restitueront rien du tout.

Un Membre. C'est une complication inutile.

M. le Président. Je pense que l'assemblée a bien compris la proposition de M. Esnard. La rédaction en sera très facile à faire; il n'y a pas d'équivoque possible. Si vous voulez en charger votre Bureau, nous vous la soumettrons tout à l'heure; ou bien, nous pourrons l'insérer d'office dans la proposition en discussion.

M. Wilson propose de rédiger le vœu de cette manière :

En cas d'applications irrégulières du tarif ou d'erreurs de calcul dans la fixation des frais et droits de transport, la différence en plus ou en moins devra être remboursée.

Un Membre. C'est la Convention de Berne.

M. le Président. C'est le texte qui a été arrêté à Berne; nous avons intérêt, je pense, à l'adopter; il est conforme à nos intentions.

M. Joly-Gauthier. Je crois que la rédaction de la Commission doit être acceptée, parce que celle qui est proposée par M. Wilson est assez vague, tandis que le texte de la Commission est clair et qu'il embrasse toutes les erreurs possibles. Les mots : « erreurs de tarification » s'appliquent à toutes les erreurs de classification, de nomenclature, de direction, de tarifs, de clauses et de conditions; et si je vous en parle, c'est que j'ai quelque autorité pour vous dire que la rédaction de la Commission a été mûrement réfléchie. Avec le mot de tarification qui est dans ce texte, on embrasse toutes les espèces d'erreurs; car, pour des erreurs de calcul, c'est bon à dire à des enfants. Il est évident que 2 et 2 n'ont jamais fait 3, qu'ils font 4; mais, quant aux erreurs dans l'application des tarifs, il est impossible de les énumérer; il y en a de cent natures, qui se produisent tous les jours. Il faut que les Compagnies soient obligées de restituer toutes les erreurs de tarification quelconques. Je maintiens donc la rédaction de notre Commission; car, pour celle de Berne, c'est un nid à procès.

M. le Président. M. Wilson n'insiste pas sur sa proposition? Je n'ai donc plus qu'à mettre aux voix celle que M. Joly vient de défendre.

M. Ameline de la Briselainne. La difficulté ne porte pas sur le fait d'obliger les Compagnies à restituer ce qui aurait été perçu en trop. Il n'y a pas besoin de le dire, M. Gatineau le sait très bien, cela existe dans toutes les législations du monde. En disant cela, nous ne disons rien ou nous disons une naïveté. Pour exprimer une idée juste et saine, il faut dire que « nonobstant la réception et le payement par le destinataire, le trop perçu sera restitué »; en effet les Compagnies, qui sont quelquefois très astucieuses, menées qu'elles sont par l'esprit de chicane, disent : Il y a un fait qui couvre tout : je me suis présenté avec la marchandise, vous avez payé, le contrat est définitif, il n'y a plus de compte à régler entre nous.

M. Gatineau. Cela n'existe pas! (Réclamations.) La Compagnie qui dirait :

Vous m'avez payé trop, vous n'avez pas le droit de répéter l'indû, cette Compagnie n'existe pas!

M. Joly-Gauthier. Mais c'est ce qu'elles font toutes!

M. Ameline de la Briselainne. C'est la question au point de vue pratique.

M. Delboy. Comme rapporteur, je demande la permission de prendre la parole sur cette question.

Nous ne nous opposons pas à des modifications de texte; seulement il ne faut pas qu'elles détruisent la portée de notre résolution et qu'elles la rendent inapplicable. L'honorable M. Ameline a très bien compris notre pensée. La répétition de l'indû, d'après le Code Napoléon, est de droit commun, vous le savez tous. Mais comment la difficulté se présente-t-elle? Justement dans le cas qu'a précisé l'honorable M. Ameline. C'est lorsque ce droit commun se trouve en présence de l'article 105 du Code de commerce. Cet article dit que « la réception des objets transportés et le payement du prix par le destinataire éteignent toute action contre le voiturier». (C'est cela!) Pendant longtemps, on n'a appliqué cet article et les déchéances qu'il prononce contre les réclamations tardives d'un ayant droit que dans le cas d'avarie. Mais, en vertu d'une interprétation récente de l'article 105 du Code de commerce, émanée de la Cour de cassation, on a prétendu interdire aux ayants droit toute espèce de réclamation tendant à la répétition de l'indû en cas de taxe illégalement perçue. Eh bien! le commerce s'est insurgé, les tribunaux de commerce ont protesté, des procès ont été jugés; car, je demande pardon à M. Gatineau d'être ici en contradiction avec lui, il y a eu des procès sur cette question, et ils ont été nombreux. Nous ne voulons pas faire ici de chicanes...

M. Esnard. Je pourrais citer, à cet égard, un arrêt tout récent de la Cour de Montpellier, et d'autres encore.

M. Delboy. Les tribunaux de commerce ont donné raison aux réclamants; néanmoins la Cour de cassation interdirait aux intéressés, à l'avenir, s'il faut en croire les Compagnies de chemins de fer, le droit de réclamation en cas de taxes illégalement perçues, en leur opposant le texte formel de l'article 105. Je m'empresse de dire que, selon moi, le commerce est dans la vérité en protestant, parce que, lorsqu'on a fait le Code en 1807, on n'a prévu que les transports par roulage de terre ou par coches d'eau. Les difficultés qui se présentent aujourd'hui ne pouvaient pas naître à cette époque; l'expéditeur, dans son contrat, devait prévoir le prix à payer et le stipuler d'avance; l'application de l'article 105 était légitime pour décharger le voiturier; et, en effet, lorsque le destinataire avait reçu la marchandise et payé le prix, il y avait présomption qu'il l'avait vérifiée et acceptée, il n'avait plus rien à réclamer au transporteur. Mais, avec les chemins de fer, des difficultés nouvelles ont surgi. Il y a un millier de tarifs, et je ne suppose pas qu'un seul homme, si intelligent qu'il soit, même parmi les détaxeurs qui en font métier, puisse dire : Je connais les mille tarifs! Il en est de même, et à plus forte raison, du public. Il est évident qu'en présence de l'ignorance où se trouve le public des conditions d'un millier de tarifs spéciaux, vouloir dire aux commerçants : Dès que vous aurez reçu et payé, vous ne pourrez plus réclamer contre les taxes illégalement perçues, c'est livrer le commerce à l'arbitraire des Compagnies. Je ne crois pas ici attaquer les Compagnies dans leur bonne foi; je n'ai pas mission pour cela; mais on sait que si leurs employés ne sont pas payés pour commettre des erreurs, du moins on ne les renvoie pas quand ils en commettent au détriment des expéditeurs. Eh bien! puisqu'il y a eu des procès, il faut prévoir, dans votre résolution, la fausse application de l'article 105, et, par conséquent, il faut dire : «Nonobstant la réception des objets transportés et le payement du prix par le destinataire, etc.»

Je demande donc qu'on ajoute, à la résolution de M. Wilson ou de la Commission, — ici, à la Commission, nous n'avons pas d'amour-propre d'auteur, — l'amendement de M. Ameline.

M. le Président. Le Bureau adopte l'amendement de M. Ameline, et il est d'avis de le greffer sur la rédaction du vœu qui a été préparé hier. Satisfaction sera ainsi donnée à la fois à MM. Joly-Gauthier et Ameline.

M. Joly-Gauthier. Je demande que le mot de «tarification» soit maintenu; c'est un mot spécial.

M. le Président. Il est maintenu. Je vais relire le texte de la résolution amendée :

Nonobstant la réception de la marchandise et le payement de la lettre de voiture, la Compagnie sera tenue de restituer d'office les perceptions indues provenant d'erreurs de tarification ou d'allongements de parcours onéreux. La répétition de l'indû par l'ayant droit pourra être exercée suivant les règles du droit commun. (Très bien! très bien!)

Je mets aux voix cette nouvelle rédaction.

(Le vote a lieu. — Le neuvième vœu est adopté.)

M. le Président. Messieurs, notre ordre du jour est épuisé. Mais avant de nous séparer, j'ai à vous soumettre deux propositions : la première, qui, j'en suis sûr, est déjà dans vos cœurs, consiste à adresser un remerciement spécial aux deux rapporteurs des résolutions du Congrès, l'honorable M. de Seigneux et l'honorable M. Delboy.

L'honorable M. Delboy a étudié les questions avec un soin que vous avez pu juger. Quant à M. de Seigneux, il s'est dérangé, il est venu de Suisse ici, spécialement pour nous expliquer la Convention de Berne, à la rédaction de laquelle il avait pris une part assidue; sur cette Convention nous avions déjà des renseignements, mais nous n'en avions encore connaissance par aucun document officiel. Nous devons donc être très reconnaissants à M. de Seigneux d'avoir fait la lumière, au moment de notre Congrès, sur cette Convention; nous l'avons discutée avec beaucoup de soin; nous lui avons emprunté beaucoup de dispositions, nous en avons éliminé quelques autres, lorsque nous avons supposé que notre rédaction pourrait prévaloir sur celle de la Conférence de Berne. En tout cas, notre reconnaissance doit être grande pour M. de Seigneux.

Je propose en conséquence de voter à M. de Seigneux et à M. Delboy des remerciements spéciaux. (Applaudissements.)

La seconde proposition que j'ai à vous faire, Messieurs, consiste à compléter, par une dixième résolution, les neuf que nous avons déjà votées. Cette dixième résolution serait ainsi conçue :

Le Congrès invite son Bureau à transmettre ses résolutions à M. le Ministre du commerce et à M. le Ministre des travaux publics.

Un Membre. Il faudrait ajouter le Ministre des affaires étrangères.

M. le Président. L'observation est parfaitement juste. Les résolutions seraient également adressées *à M. le Ministre des affaires étrangères.*

Un Membre. Et aux Chambres de commerce.

M. le Président. Les Chambres de commerce n'ont rien à voir là-dessus.

Je mets aux voix la dixième résolution.

(Le vote a lieu. — La dixième résolution est adoptée à l'unanimité.)

M. Joly-Gauthier. Nous devrions voter aussi des remerciements au Bureau.

M. le Président. Je rappelle au Congrès que nous nous réunissons ce soir dans un banquet : la meilleure récompense qu'on puisse donner au Bureau, c'est d'y venir nombreux !

La séance est levée.

NOMENCLATURE DES CONFÉRENCES FAITES AU PALAIS DU TROCADÉRO

PENDANT L'EXPOSITION UNIVERSELLE DE 1878.

1er VOLUME.

INDUSTRIE. — CHEMINS DE FER. — TRAVAUX PUBLICS. — AGRICULTURE.

Conférence sur les Machines Compound à l'Exposition universelle de 1878, comparées aux machines Corliss, par M. de Fréminville, directeur des constructions navales, en retraite, professeur à l'École centrale des arts et manufactures. (Lundi 8 juillet.)

Conférence sur les Moteurs à gaz à l'Exposition de 1878, par M. Jules Armengaud jeune, ingénieur civil. (Mercredi 14 août.)

Conférence sur la Fabrication du gaz d'éclairage, par M. Arson, ingénieur de la Compagnie parisienne du gaz. (Mardi 16 juillet.)

Conférence sur l'Éclairage, par M. Servier, ingénieur civil. (Mercredi 21 août.)

Conférence sur les Sous-produits dérivés de la houille, par M. Bertin, professeur à l'Association polytechnique. (Mercredi 17 juillet.)

Conférence sur l'Acier, par M. Marché, ingénieur civil. (Samedi 20 juillet.)

Conférence sur le Verre, sa fabrication et ses applications, par M. Clémandot, ingénieur civil. (Samedi 27 juillet.)

Conférence sur la Minoterie, par M. Vigreux, ingénieur civil, répétiteur faisant fonctions de professeur à l'École centrale des arts et manufactures. (Mercredi 31 juillet.)

Conférence sur la Fabrication du savon de Marseille, par M. Arnavon, manufacturier. (Samedi 3 août.)

Conférence sur l'Utilisation directe et industrielle de la chaleur solaire, par M. Abel Pifre, ingénieur civil. (Mercredi 28 août.)

Conférence sur la Teinture et les différents procédés employés pour la décoration des tissus, par M. Blanche, ingénieur et manufacturier, membre du Conseil général de la Seine. (Samedi 21 septembre.)

Conférence sur la Fabrication du sucre, par M. Vivien, expert-chimiste, professeur de sucrerie. (Samedi 14 septembre.)

Conférence sur les Conditions techniques et économiques d'une organisation rationnelle des chemins de fer, par M. Vauthier, ingénieur des ponts et chaussées. (Samedi 13 juillet.)

Conférence sur les chemins de fer sur routes, par M. Chabrier, ingénieur civil, président de la Compagnie des chemins de fer à voie étroite de la Meuse. (Mardi 24 septembre.)

Conférence sur les Freins continus, par M. Banderali, ingénieur inspecteur du service central du matériel et de la traction au Chemin de fer du Nord. (Samedi 28 septembre.)

Conférence sur les Travaux publics aux États-Unis d'Amérique, par M. Malézieux, ingénieur en chef des ponts et chaussées. (Mercredi 7 août.)

Conférence sur la Dynamite et les substances explosives, par M. Roux, ingénieur des manufactures de l'État. (Samedi 10 août.)

Conférence sur l'Emploi des eaux en agriculture par les canaux d'irrigation, par M. de Passy, ingénieur en chef des ponts et chaussées, en retraite. (Mardi 13 août.)

Conférence sur la Destruction du phylloxera, par M. Rohart, manufacturier chimiste. (Mardi 9 juillet.)

2e VOLUME.

ARTS. — SCIENCES.

Conférence sur le Palais de l'Exposition universelle de 1878, par M. Émile Trélat, directeur de l'École spéciale d'architecture. (Jeudi 25 juillet.)

Conférence sur l'Utilité d'un Musée des arts décoratifs, par M. René Ménard, homme de lettres. (Jeudi 22 août.)

Conférence sur le Mobilier, par M. Émile Trélat, directeur de l'École spéciale d'architecture. (Samedi 24 août.)

Conférence sur l'Enseignement du dessin, par M. L. Cernesson, architecte, membre du Conseil municipal de Paris et du Conseil général de la Seine. (Samedi 31 août.)

Conférence sur la Modalité dans la musique grecque, avec des exemples de musique dans les différents modes, par M. Bourgault-Ducoudray, grand prix de Rome, membre de la Commission des auditions musicales à l'Exposition universelle de 1878. (Samedi 7 septembre.)

Conférence sur l'Habitation à toutes les époques, par M. Charles Lucas, architecte. (Lundi 9 sept.)

Conférence sur la Céramique monumentale, par M. Sédille, architecte. (Jeudi 19 septembre.)

Conférence sur le Bouddhisme à l'Exposition de 1878, par M. Léon Feer, membre de la Société académique indo-chinoise. (Jeudi 1er août.)

Conférence sur le Tong-King et ses peuples, par M. l'abbé Durand, membre de la Société académique indo-chinoise, professeur des sciences géographiques à l'Université catholique. (Mardi 27 août.)

Conférence sur l'Astronomie à l'Exposition de 1878, par M. Vinot, directeur du *Journal du Ciel* (Jeudi 18 juillet.)

Conférence sur les Applications industrielles de l'électricité, par M. Antoine Breguet, ingénieur-constructeur. (Jeudi 8 août.)

Conférence sur la Tachymétrie. — Réforme pédagogique pour les sciences exactes. — Rectification des fausses règles empiriques en usage, par M. Lagout, ingénieur en chef des ponts et chaussées. (Mardi 10 sept.)

Conférence sur les Conditions d'équilibre des poissons dans l'eau douce et dans l'eau de mer par M. le docteur A. Moreau, membre de l'Académie de médecine. (Mercredi 25 septembre.)

3e VOLUME.

ENSEIGNEMENT. — SCIENCES ÉCONOMIQUES. — HYGIÈNE.

Conférence sur l'Enseignement professionnel, par M. Corbon, sénateur. (Mercredi 10 juillet.)

Conférence sur l'Enseignement des sourds-muets par la parole (méthode Jacob Rodrigues Pereire) **et l'application de la méthode aux entendants-parlants**, par M. F. Hément, inspecteur de l'enseignement primaire. (Jeudi 11 juillet.)

Conférence sur l'Enseignement des sourds-muets dans les écoles d'entendants, par M. E. Grosselin vice-président de la Société pour l'enseignement simultané des sourds-muets et des entendants-parlants (Jeudi 12 septembre.)

Conférence sur la Gymnastique des sens, système d'éducation du jeune âge, par M. Constantin Delhez, professeur à Vienne (Autriche). (Lundi 19 août.)

Conférence sur l'Unification des travaux géographiques, par M. de Chancourtois, ingénieur en chef au corps des Mines, professeur de géologie à l'École nationale des Mines. (Mardi 3 septembre.)

Conférence sur l'Algérie, par M. Allan, publiciste. (Mardi 17 septembre.)

Conférence sur l'Enseignement élémentaire de l'Économie politique, par M. Frédéric Passy, membre de l'Institut. (Dimanche 25 août.)

Conférence sur les Institutions de prévoyance, d'après le Congrès international, au point de vue de l'intérêt français, par M. de Malarce, secrétaire perpétuel de la Société des Institutions de prévoyance de France. (Lundi 16 septembre.)

Conférence sur le Droit international, par M. Ch. Lemonnier, président de la Ligue internationale de la paix et de la liberté. (Mercredi 18 septembre.)

Conférence sur les Causes de la dépopulation, par M. le docteur A. Desprès, professeur agrégé à la Faculté de médecine, chirurgien de l'hôpital Cochin. (Lundi 26 août.)

Conférence sur le Choix d'un état au point de vue hygiénique et social, par M. Placide Couly ancien membre de la Commission du travail des enfants dans les manufactures. (Mardi 30 juillet.)

Conférence sur les Hospices marins et les Écoles de rachitiques, par M. le docteur de Pietra-Santa, secrétaire de la Société française d'hygiène. (Mardi 23 juillet.)

Conférence sur le Tabac au point de vue hygiénique, par M. le docteur A. Riant. (Mardi 20 août.)

Conférence sur l'Usage alimentaire de la viande de cheval, par M. E. Decroix, vétérinaire principal fondateur du Comité de propagation pour l'usage alimentaire de la viande de cheval. (Jeudi 26 septembre.)

AVIS. — On peut se procurer chaque volume à l'**Imprimerie Nationale** (rue Vieille-du-Temple, n° 87) et dans toutes les librairies, au fur et à mesure de l'impression.

www.ingramcontent.com/pod-product-compliance
Lightning Source LLC
LaVergne TN
LVHW010103230826
846091LV00005B/2080